LE JAPON

SON ORGANISATION ÉCONOMIQUE ET SOCIALE

S. M. Mutsuhito

EMPEREUR DU JAPON

PAR

Le Comte de Saint-Maurice

Membre de la Société de Géographie Commerciale
Professeur (Questions Diplomatiques et Coloniales)
à l'École des Hautes Études Sociales

PARIS

DES SCIENCES POLITIQUES
Rue de Marivaux, 7

Prix : 1 fra[nc] — 1905 —

LE JAPON

Son Organisation Économique & Sociale

AVANT-PROPOS

La guerre russo-japonaise a eu pour effet de révéler au monde occidental qu'il existait en Extrême-Orient une grande puissance militaire, capable de rivaliser avec n'importe quelle autre nation.

C'est un fait acquis aujourd'hui que le Japon est désormais une force nationale, une entité homogène armée, digne d'imposer sa loi sur toute une partie du monde.

Le Japon n'a pu parvenir à ce haut degré de puissance qu'après s'être supérieurement organisé au point de vue économique et social.

Ses victoires ne sont pas la résultante exclusive de la valeur de ses soldats et de l'habileté de ses généraux, mais la conséquence et comme la suite naturelle de son organisation administrative et du progrès de sa civilisation auxquels ont concouru tous ses enfants.

Encore est-il qu'une direction parfaite a été donnée, pour ainsi dire imperceptiblement, mais toujours sûrement à ces efforts divers de façon à les coordonner et à en constituer ce qu'on peut appeler l'ordre social qui est la base de toute civilisation et de tout progrès.

Pendant qu'en Europe on s'épuisait en vaines querelles locales ou qu'on songeait un peu bien imprudemment à vouloir contraindre à notre civilisation tous les autres peuples des autres continents, le Japon poursuivait ses destinées heureuses, fortifiait sa vie économique, développait toutes les branches de son activité nationale, tant et si bien qu'un beau jour, il apparaissait au monde dans l'apothéose de ses victoires comme la grande nation souveraine des destinées humaines en Extrême-Orient.

Le Japon pittoresque qui a si vivement tenté le pinceau de nos artistes ou la plume de nos écrivains est le plus connu de nous. C'est un pays admirable, charmant dont les Loti nous ont laissé des descriptions d'une fantaisie aussi délicate que légère.

A travers tant de littérature le Japon nous apparaissait un peu comme un pays de rêves, gentiment maniéré, coquet, propret, où il devait être délicieux de vivre d'une vie quasi-surnaturelle.

C'est le Japon des poètes, des peintres, de tous ceux qui s'éprennent de l'idéal, qui ont l'admiration de tout ce qui est artiste.

En ce qui concerne le Japon militaire, les Japonais viennent d'écrire leur propre histoire avec un tel succès qu'il serait pour le moins superflu de vouloir en quelques pages la résumer.

Le passage du Yalou, la prise de Port-Arthur, la bataillle de Moukden, la bataille navale de Tsou-Shima sont des pages d'histoire militaire qui se suffisent à elles-mêmes et dont le retentissement mondial a été tel qu'il n'est si humble bourgade dans l'univers où ne soient connus les noms des généraux japonais, où ne soient admirées la valeur des troupes japonaises et leur organisation de tout premier ordre.

Ici encore, l'écrivain qui tenterait actuellement de composer un ouvrage sur l'armée ou la marine japonaise, serait nécessairement au-dessous de son sujet.

Mais il est un Japon moins connu — je dirai presque moins populaire — qu'il importe sinon de révéler à l'Europe au moins d'étudier, car en vérité, c'est ce Japon là qui, par sa tenue sociale, sa remarquable organisation politique, a préparé et permis les grandes victoires dont les champs de la Mandchourie ont été le théâtre.

La victoire n'est jamais le résultat unique d'un brillant effort militaire sur un point déterminé, c'est en quelque sorte la conclusion d'une diversité infinie d'efforts sociaux, préparés de longue date, coordonnés.

C'est la fin, dans le sens philosophique du mot de toute la politique, celle-ci n'étant elle-même que l'organisation homogène de la cité et de la nation.

Si la guerre bouleverse l'économie sociale du peuple vaincu, elle donne au contraire au peuple victorieux une activité économique nouvelle et prépare pour lui l'ère heureuse des grandes transactions commerciales et industrielles.

C'est bien le phénomène qui s'est produit pour la France après la guerre de Crimée, pour l'Allemagne après la guerre de 1870, pour les Etats-Unis après la guerre d'Espagne.

Mathématiquement il va y avoir au Japon une période capitale où toutes les affaires prendront un développement extraordinaire et où la fortune publique s'accroîtra dans des proportions également considérables.

Ce qu'il est donc tout particulièrement intéressant d'étudier aujourd'hui, c'est la vie économique de ce pays de façon à connaître quels sont les grands corps de l'Etat, les grandes Sociétés particulières, les grandes exploitations déjà existantes qui vont naturellement participer à ce mouvement ; les lois, les décrets qui aujourd'hui réglementent ces questions, tant au point de vue national qu'au point de vue étranger.

Nous ne saurions avoir la prétention dans une brochure nécessairement courte d'exposer dans ses détails tout ce programme.

Mais nous pouvons en indiquer en quelque sorte exactement les parties essentielles, parmi lesquelles l'organisation financière du pays doit tenir la première place, soit qu'il s'agisse des finances de l'Etat, soit qu'il s'agisse de la fortune privée.

L'on se convaincra au cours de cette rapide étude à quel haut degré de civilisation, qui ne le cède à aucune autre nation du monde, le Japon est parvenu.

La victoire industrielle et commerciale a toujours suivi la victoire militaire.

Voici le plan que nous avons adopté pour essayer de donner en ces quelques pages un aperçu clair, synthétique de l'organisation économique et sociale du Japon.

Nous exposerons tout d'abord quel est le régime politique de ce pays ; quel est son gouvernement ; quelle est sa fortune, c'est-à-dire quelle est sa capabilité financière soit au point de vue des impôts soit au point de vue des emprunts ; quelle organisation économique préside à ses destinées commerciales, c'est-à-dire, quelles sont les banques ou d'Etat ou privées qui collaborent à l'essor des affaires nationales ou internationales et qui forment ce monument merveilleux de la civilisation actuelle : le crédit moderne ; quel est l'état industriel du Japon ; quels sont les moyens — monnaies, bourses, chemins de fer, compagnies de navigation, postes, télégraphes, téléphones, etc etc — qui sont aujourd'hui les bases indispensables de son progrès et de sa fortune nationale. On se convaincra qu'à tous ces points de vue encore le Japon ne le cède à aucune autre nation !

II

LE RÉGIME POLITIQUE

Le Régime politique du Japon est une monarchie constitutionnelle et héréditaire dont le pouvoir suprême appartient au chef " Tenno " de la dynastie régnante depuis plus de 2 550 ans et résidente jusqu'en 1868 à Kioto depuis lors à Tokio.

L'Empereur actuel est S. M. Mutsuhito, né à Kioto, 3 novembre 1852, fils de l'empereur Komeï-Ténno † 1867 ayant pour hériter Pr. Yoshihito Harunomiya, né à Tokio, 31 août 1879, déclaré héritier du trône le 3 novembre 1899.

****

NOTES SUR L'HISTOIRE DU JAPON

La longue durée de l'Empire japonais est un des faits des plus extraordinaires de l'histoire universelle.

Plus de trois siècles avant la conquête des Indes par Alexandre le Grand, cet empire existait.

Pendant de longs siècles de paix et d'indépendance, il vécut complètement inconnu du monde occidental.

Le premier Européen qui parla du Japon fut Marco Polo.

Les Portugais en 1549 prirent contact avec les Japonais et ces relations durèrent jusqu'au moment où le gouvernement national ferma les ports de l'Empire aux étrangers, les Hollandais exceptés.

Le Japon reprit ainsi sa vie purement indigène et durant une période de deux cent vingt ans, ignora totalement tous les grands évènements qui bouleversaient le monde occidental.

Tout à-coup, en 1853, des vaisseaux américains, commandés par le Commodore Perry, se présentèrent dans le port d'Uraga : les relations avec les autres nations du monde se renouaient.

Depuis lors, le Japon lia des rapports amicaux et commerciaux avec les puissances étrangères.

Voici comme un auteur Japonais, I. Hitomi, exprime ce renouveau.

« En voyant le Japon sous une face nouvelle, l'univers murmura : « C'est un petit pays qui vient de naître ». Quel bonheur pour le Japon ! Heureux vieillard, qui vit tomber Ninive et Babylone, et qu'on regarde comme un nouveau-né ! Mais l'enfant étonna tout le monde en se mettant à marcher à grands pas. On lui enseigna les sciences d'Europe et il les apprit avec une surprenante rapidité. Mais les étrangers le dédaignaient encore comme un jeune homme présomptueux sans passé, ni avenir.»

Mais voilà qu'en 1894 une guerre éclata entre lui et un géant, son voisin. On prédit partout que le géant l'emporterait, mais la victoire fut pour le petit garçon. »

Ces lignes si curieuses furent écrites, il y a déjà six ans. Elles se réfèrent à la guerre Sino-Japonaise, qu'aurait pu écrire le même auteur après le triomphe du Japon sur la Russie ?

*
* *

LE JAPON DE JADIS

Pour comprendre l'organisation politique actuelle du Japon, il faut jeter un rapide coup d'œil en arrière. Ainsi s'explique, par la douceur des membres de la dynastie régnante, par leur dévotion au bien-être du peuple, par leur intelligence des intérêts nationaux, la quasi perennité de la famille Impériale qui depuis plus de deux mille ans règne au Japon.

Dans l'antiquité, l'administration intérieure était des plus simples, presque familiale ; puis, petit à petit le Japon devint un état féodal où dans les provinces, chaque famille considérable exerçait autour d'elle un pouvoir presque absolu.

Bien plus, chacune d'elles chercha à s'assurer le gouvernement national, en ne laissant au Mikado qu'une autorité toute nominale et les honneurs seuls de la Puissance Souveraine sans aucun de ses attributs effectifs.

Elles y parvinrent et pendant de longues années l'histoire intérieure Japonaise se résume dans les luttes que ces familles se livrent entre elles pour conserver ce pouvoir.

Le Mikado restait en dehors et en quelque sorte au dessus de ces querelles, comme un symbole intangible et quasi religieux.

Cependant une de ces familles, celle des Tokugawa domina bientôt toutes les autres et héréditairement légua à chacun de ses membres le gouvernement réel du pays : elle créa ainsi une sorte de dynastie gouvernementale à l'ombre et au dessous de la dynastie Mikadonale dépouillée de tous les privilèges exécutifs.

Les chefs de cette dynastie gouvernementale portèrent le nom de Shogun (généralissime) et ce gouvernement s'appela le Shoguna.

Quand en 1853 les étrangers revinrent au Japon, ils prirent le Shogun pour le Souverain de l'Empire et quelques années après ils passaient avec lui les traités internationaux.

Cependant l'opinion japonaise reprocha bientôt véhémentement au Shogun d'avoir signé ces traités qui reconnaissaient notamment la juridiction consulaire sur les étrangers et le

Mikado, cherchant appui sur le sentiment national révolté, reprit en mains le pouvoir.

Le gouvernement des Tokugawa s'évanouit ainsi après 280 années d'exercices. La Restauration Impériale était un fait accompli (1867).

La féodalité disparaissait ! Désormais le Japon n'avait plus à sa tête qu'un seul maître, son souverain légitime le Mikado.

Au surplus le Gouvernement du Mikado se rendait compte bientôt que le pays ne pouvait vivre isolé dans le monde et reprenant, mais sous une forme nouvelle les négociations du Shogun avec les étrangers, entra en rapports avec les autres peuples.

.·.

LA RESTAURATION IMPÉRIALE

Dès son début, la restauration impériale porta l'empreinte des idées de liberté et d'égalité. Le nouveau gouvernement fut établi à Kioto (en 1867) et deux ans après transféré à Tokio. Il empruntait au gouvernement des anciens Mikado son nom, daïjickuivan, et une partie de son caractère. Pour le reste, il se rapprochait des gouvernements européens. Il fut divisé en sept départements : religion intérieure, affaires étrangères, finances, guerre et marine, justice et iniative législative.

Le 4 mars 1868 S. M. l'Empereur actuel fit une déclaration solennelle qui résume tout l'esprit de la restauration impériale. Cette déclaration qui était la reconnaissance du droit du peuple donna un nouvel essor à la vie nationale.

La transformation des territoires féodaux en simples départements (1871) l'ordonnance établissant le régime représentatif (1881) la promulgation de la constitution Japonaise (1889) et la convocation de la diète (1890) ne furent que les conséquences naturelles des paroles si pleines de patriotisme et de sagesse qu'avait prononcées l'Empereur lors de la restauration impériale.

L'on peut dire que dans l'histoire des Souverains les plus grands et qui ont rendu les plus éminents services à leurs pays, figurera, en première place, Sa Majesté Mutsu Hito qui aura donné à son peuple et la gloire des armes et le bonheur d'une vie politique prospère et libre.

Il ne nous appartient pas d'entrer ici dans l'étude du développement des partis politiques tel qu'il fut favorisé au Japon par la mise en pratique du régime représentatif, mais nous devons résumer en quelques lignes qu'elle est la portée de la Constitution ; d'autant plus que le Japon est le seul pays de l'Asie qui en ait reçu une.

LA CONSTITUTION

Elle date du 11 Février 1889 et en voici les grandes lignes.
La souveraineté appartient à l'Empereur.

La Diète se compose de la Chambre des pairs et de la Chambre des députés. Elle exerce le pouvoir législatif, partageant avec le Souverain l'initiative des lois. L'Empereur peut convoquer et suspendre la Diète, et dissoudre la Chambre des députés. Il sanctionne et promulgue les lois. Il est le chef suprême de l'armée et de la marine et peut en cas d'urgence absolue décréter des ordres provisoires que la Diète sera appelée à ratifier.

Le peuple a la liberté de la parole et de la presse, le droit de réunion et d'association, sous certaines réserves légales. Il a encore la liberté des cultes dans les bornes imposées par le maintien de l'ordre public

La constitution garantit également aux sujets japonais la sécurité de leurs personnes et de leurs propriétés.

L'ADMINISTRATION PROVINCIALE

L'administration provinciale du pays est confiée à des Préfets et des Sous-Préfets. Chaque préfecture possède un Conseil local qui joue au Japon assez exactement le rôle des Conseils Généraux en France.

Enfin il y a les communes ayant elles-mêmes leur « Self Government ».

LE SYSTÈME JUDICIAIRE

Le système judiciaire comprend trois degrés : la Cour Suprême, les Cours d'appels et les Tribunaux de district.

Il y a quarante ans encore, le Japon ne possédait pas de code écrit. La première tentative pour codifier les lois eut lieu en 1870 pour les lois criminelles.

Depuis lors les différentes lois ont été codifiées.

POPULATION ET SUPERFICIE DE L'EMPIRE

SUPERFICIE ET POPULATION

Japon pro- prement dit	Kilomètres carrés	Population de droit			Par kilomètre
		Hommes	Femmes	Total	
1898	382.416	22 075.242	21.689.013	43.763.855	114
1901	382.416	22.928 043	22.489 649	45.426.692	119
1904	382.416	24.145.900	23.666.802	47.812.702	123

Dans ce tableau n'est pas comprise la population de Formose.

* *

Ces chiffres sont fort intéressants à noter car ils prouvent que la population de l'Empire n'a cessé de s'accroître régulièrement au fur et à mesure que se sont développés le bien-être et la fortune nationale.

Cette population active, laborieuse, fournit au gouvernement, avec une aisance remarquable, toutes les ressources d'Etat dont il a besoin et a pu, sans gêne même, supporter les charges extraordinaires d'une grande guerre.

Il y a là tout un enseignement que nous allons trouver dans l'examen des finances Japonaises.

III

LA FORTUNE NATIONALE

Comme on mesure la fortune d'un particulier à l'étendue de ses resources et à sa faculté de faire face aisément aux dépenses ordinaires ou imprévues de son existence quotidienne, ainsi on estime la fortune d'un pays suivant des faits analogues qui sont relatés officiellement dans un état annuel qu'on appelle le Budget.

Suivant que ce budget s'équilibre avec plus ou moins de facilité, c'est à dire suivant que les recettes sont équivalentes ou supérieures aux dépenses et selon aussi que les recettes auront été encaissées facilement, l'on dira qu'un pays est riche ou pauvre.

Et encore la richesse d'un pays s'évalue moins d'après l'importance de son budget que suivant la différence qui existe entre ses charges et ses facultés.

Ainsi l'Angleterre, l'Allemagne et la France pour prendre parmi les nations qui passent pour les plus riches peuvent néanmoins n'être pas riches dans le sens exact du mot. si elles ont des charges telles que l'Etat malgré sa grande puissance pécunière n'y puisse faire face sans être gêné ou sans gêner les contribuables.

De même dans la vie privée un homme qui possède un million de rentes mais qui a 950 mille francs de charges annuelles est moins riche qu'un homme qui possède 100 mille francs de rentes pour satisfaire à des dépenses de vingt-cinq mille francs par an.

Certes dans le monde, le millionnaire passera pour occuper une situation financière supérieure, mais à la vérité ce sera son voisin plus modeste mais dont les besoins sont moins coûteux qui inspirera le plus confiance aux gens sages

C'est précisément la vérité que fait apparaitre, dans l'ordre d'idées des affaires internationales, l'étude des budgets du gouvernement Japonais.

D'une part, importance des ressources, facilité de trouver celles-ci, aisance dans les encaissements, d'autre part, modicité des dépenses ordinaires en dépit qu'il ne soit rien négligé pour le bien-être du peuple et le progrès moral industriel et commercial de la nation.

Voici comme exemple le plus parfait de cette élasticité financière si précieuse et si rare, le tableau du Budget 1905-1906, : l'exemple est ici d'autant plus frappant que c'est un budget établi au moment où les évènements de la guerre russo-japonaise se déroulaient.

BUDGETS COMPARÉS DES

Nature des recettes	1905-6 (Budget)	1904-5 (Budget)	Comparaison	
			Augment.	Diminut.es
	Yen	Yen	Yen	Yen
Ordinaires : —				
Impôts	196.101.843	194.041.011	2.060.832	
Impôt foncier	63.643.434	60.998.186	2.645.248	
Impôt sur le revenu	13.099.424	13.406.347		306.923
Patentes	12.344.471	12.230.240	114.231	
Impôt sur le Saké	60.533.697	62.353.556		1.819.859
Impôt sur le Shôyu	5.149.768	4.551.982	607.786	
Accise sur le sucre	14.057.260	14.444.882		387.622
Taxe de consommation sur les fabrications textiles	2.183.602		2.183.602	
Impôt sur les exploitations des mines	931.224	874.472	56.752	
Droit de Bourses	1.415.705	1.377.862	37.843	
Impôt sur les émissions des billets convertibles	997.202	1.404.474		407.272
Droits de tonnage	393.038	361.647	31.891	
Droits de douane	21.009.720	18.668.813	2.340.907	
Autres impôts	343.298	3.678.550		3.335.262
Revenus du Timbre	48.480.660	17.518.448	962.212	
Revenus des entreprises de l'Etat et du domaine public	74.112.893	62.192.023	11.920.870	
Services postaux et télégraphiques	25.712.310	25.220.383	491.927	
Recettes provenant des Forêts	3.165.999	2.973.888	192.111	
Recettes provenant du Monopole du camphre	1.050.946	1.189.492		138.576
Recettes du monopole de la manufacture du tabac	32.011.072	21.072.297	10.938.775	
Recettes des chemins de fer	9.581.743	9.207.351	374.392	
Recettes des chemins de fer du Hokkaïdô	885.969	829.887	56.082	
Autres revenus des entreprises de l'Etat et du domaine public	1.704.884	1.698.725	6.159	
Virement des intérêts des dépôts	4.290.833	3.467.005	820.826	
Virement du fonds d'amortissement de l'emprunt émis pour les travaux publics de Formose	1.742.595	1.432.577	310.018	
Autres recettes diverses	2.209.870	2.523.506		313.636
Total des recettes ordinaires	296.938.694	281.174.570	15.764.124	
Extraordinaires : —				
Produits de la vente des biens de l'Etat	745.503	984.792		239.289
Sommes versées au trésor par les administrations locales pour les travaux publics de leur circonscription	833.308	835.655		2.347
Virement du fonds destiné à l'entretien des forêts	550.967	1.990.272		1.439.305
Prêts (emprunts temporaires)	1.600.000	1.000.000	600.000	
Virement de l'excédent de l'exercice précédent	1.405.319	191.829	1.213.490	
Virement de l'indemnité chinoise	3.066.636	2.488.891	877.745	
Autres recettes diverses	526.763	5.434.928		4.608.165
Total des recettes extraordinaires	8.728.496	12.326.367		3.597.871
Total général	305.667.190	292.500.937	12.166.253	

ANNÉES 1904-1905, 1905-1906

1906 ET EN COMPARAISON AVEC L'ANNÉE PRÉCÉDENTE

Nature des dépenses	1905-6 (Budget)	1904-5 (Budget)	Comparaison	
			Augment.	Diminut.⁰⁰
	Yen	*Yen*	*Yen*	*Yen*
Ordinaires : —				
Liste civile	3.000.000	3.000.000		
Ministère des Affaires étrangères	2.338.463	2.236.695	101.768	
Ministère à Tokio	164.765	165.206		451
Légations et consulats à l'étranger	2.473.708	2.071.489	102.249	
Ministère de l'Intérieur	9.400.274	10.482.878		1.072.604
Ministère à Tokio	330.083	296.875	33.208	
Fou et Kén (Préfectures)	7.414.801	7.214.473	200.328	-
Autres dépenses	1.655.390	2.971.530		1.316.140
Ministère des Finances	62.796.030	58.398.786	4.397.244	
Ministère à Tokio	247.979	251.293		3.314
Pour Dettes et Emprunts	35.883.964	32.876.381	3.007.583	
Récompenses et Pensions	8.092.781	5.840.814	2.251.967	
Douanes et collection des impôts	4.216.073	4.257.118		41.045
Cabinet et Conseil privé	356.840	359.319		2.509
Chambres des Pairs et des Représentants	1.500.869	1.492.057	8.812	
Tribunal contentieux et Cour des comptes	216.018	216.006		988
Autres dépenses	12.281.536	13.104.798		823.262
Ministère de la Guerre	39.495.746	25.077.197	14.418.549	
Ministère à Tokio	254.767	238.272	16.495	
Services de l'Armée	38.653.003	24.253.028	14.399.975	
Autres dépenses	587.976	585.897	2.079	
Ministère de la Marine	23.955.265	13.027.832	10.927.433	
Ministère à Tokio	158.078	157.030	1.048	
Services de la Flotte	23.707.187	12.870.802	10.926.385	
Ministère de la Justice	10.478.694	10.424.273	54.421	
Ministère à Tokio	120.333	122.286		1.953
Cours et Tribunaux	4.879.406	4.748.736	130.610	
Prisons	5.178.955	5.253.251		74.296
Ministère de l'Instruction publique	4.638.225	4.522.498	115.727	
Ministère à Tokio	382.846	428.996		46.480
Facultés, Ecoles et Bibliothèques	2.720.775	2.555.037	465.738	
Autres dépenses	1.534.634	1.538.465		3.831
Ministère de l'Agriculture et du Commerce	2.801.501	2.863.060		61.554
Ministère à Tokio	334.584	378.405		43.821
Autres dépenses	2.466.922	2.484.655		17.733
Ministère des Communications	20.612.772	19.936.927	675.845	
Ministère à Tokio	575.884	227.101	348.783	
Services des Communications	18.409.457	19.049.673		640.216
Autres dépenses	1.127.431	660.153	967.278	
Total des dépenses ordinaires	179.216.975	140.670.146	29.546.829	
Extraordinaires : —				
Ministère des Affaires étrangères	25.625	68.500		42.875
Ministère de l'Intérieur	3.214.481	10.196.823		6.977.342
Ministère des Finances	5.806.138	107.175.764		101.369.626
Ministère de la Guerre	1.019.721	1.454.221		434.494
Ministère de la Marine	11.497.960	8.617.089	2.880.871	
Ministère de la Justice	65.221	302.534		237.313
Ministère de l'Instruction publique	519.311	516.418	3.193	
Ministère de l'Agriculture et du Commerce	3.731.855	3.762.387		30.582
Ministère des Communications	6.871.555	5.653.591	1.217.964	
Total des dépenses extraordinaires	32.756.873	137.747.027		104.990.454
Total général	211.973.848	287.417.473		75.443.325

LE BUDGET DE 1905-1906

Il y a lieu de distinguer très nettement ici dans le budget dont nous donnons le résumé ci-contre, le budget normal et le Budget extraordinaire. Les dépenses de ce dernier budget forment en quelque sorte un Budget supplémentaire soumis à une comptabilité spéciale et afférant à un exercice allant du commencement jusqu'à la fin de la guerre. Par suite des deux dissolutions consécutives de la Diète en 1903 et 1904, les budgets afférents à ces deux années ont été les mêmes que celui de l'année précédente, ce qui n'a pas été sans apporter quelque gêne dans l'administration des services de l'Etat. Mais le Gouvernement ne s'est pas trouvé, pour le budget de de 1905-06, en présence d'une situation aussi anormale et a pu présenter devant la Diète convoquée au mois de décembre 1904. pour sa 21ᵐᵉ Session, un budget normal, dont les dépenses sont réduites au strict minimum, le montant des économies considérables faites de ce chef, en vue des évènements actuels étant consacré aux dépenses extraordinaires de guerre. Voté par elle sans modifications importantes, il a été publié dans le Journal officiel du 1 janvier 1905.

En outre de ce budget 1905-06, la Diète a été appelée à voter d'autres sommes, nécessitées par la création ou la révision de certaines lois au cours de la même session : elles forment un budget supplémentaire qui a été publié, avec ces lois nouvelles ou modifiées, au Journal officiel du 16 Février 1905.

Tandis que le total des recettes normal de l'Exercice 1905-1906 s'élève pour le Budget général et pour le Budget supplémentaire, à 305.667.190 Yen (789,538.352 francs), le total des dépenses, par suite des économies réalisées sur les services administratifs ne monte qu'à 211.973.848 Yen (547.258.449 francs) soit un **excédent** de 93.693.342 Yen (242.009.902 francs) de recettes sur les dépenses. Cette disponibilité qui passe au Budget des dépenses extraordinaires de guerre, constitue précisément, avec l'adjonction de 31.150.000 Yen (180.460.450 francs) entre disponibilité provenant, par virement, du non-emploi de divers crédits primitivement prévus pour des dépenses ordinaires de la Guerre et de la Marine, une des ressources (total 124 843.342 Yen ou 322.470.352 francs) destinées à pourvoir aux dépenses de la guerre russo-japonaise.

Cependant. quelques restrictions qui aient dû être apportées aux dépenses du Budget normal 1905-06 quelques économies que l'on se soit vu obligé de faire sur les frais des services administratifs, on n'a pas été jusqu'à suspendre ni négliger tant soit peu, même pour la durée de la guerre actuelle certaines entreprises présentant un caractère d'urgence et d'incontestable utilité pour le développement de la prospérité économique de l'Empire.

Avant d'établir une comparaison sommaire entre le Budget normal de l'exercice 1905-06 et celui de l'exercice précédent, il est nécéssaire de noter les deux points suivants :

1° A la somme de 229 855.993 *Yen* (593.718.030 francs) qui constituait les recettes du budget ordinaire de 1904-05 et qui devrait normalement être reproduite à la colonne 1904-05 du Tableau I, on a ajouté celle de 62.000.000 *Yen* (160.146.000 francs), représentant, d'une part, les recettes provenant des Taxes spéciales extraordinaires et du Monopole du tabac, et, d'autre part, les recettes du Budget supplémentaire pour l'Exercice 1904-05 soumis à l'approbation de la Diète dans sa 21e session

2° Ce qui explique cette adjonction des recettes des Taxes spéciales extraordinaires et du Monopole du tabac, qui ont été mis en vigueur l'année précédente, aux recettes du budget 1904-05, c'est que, du moment que le chiffre des recettes de la même provenance figure au Budget 1905-06, il fallait, pour avoir la balance entre les deux Exercices qu'il figurât également au budget de l'année précédente.

Un des principaux facteurs des recettes du Budget supplémentaire de 1904-05 précité, dont le total s'élève à 1.443.065 *Yen* (3.727.437 francs) est le monopole du camphre avec un apport de 1.189.000 *Yen* au moins (3.071.187 francs). N'ayant pas été soumis aux délibérations du Parlement par suite de la dissolution de la Chambre basse, ce chiffre a dû être proposé, comme Budget supplémentaire à l'exercice 1904-05, à la sanction de la Diète dans sa 21e session.

En ce qui concerne les dépenses de ce même budget supplémentaire de 1904-05, dépenses qui n'avaient également pu être votées par la Diète, elles se montent au total de 8.953.780 *Yen* (23.127.614 francs). Les principales sont : Virement des fonds de réserve pour la construction supplémentaire de bâtiments de guerre et de torpilleurs : 6.569.871 *Yen* (16.969 977 francs) ; Constitution d'un fonds de réserve pour l'échange du papier-monnaie : 534.957 *Yen* (1.381.794 francs) ; Participation aux frais de police des administrations locales : 377.628 *Yen* (975.413 francs); Subvention destinée aux travaux ayant en vue de parer aux dégâts causés par les inondations : 258.000 *Yen* (666.414 francs) : coût de Réservoirs supplémentaires pour la Fonderie de Wakamatsu : 250.331 *Yen* (646.605 francs) ; dépenses afférentes au fonctionnement du monopole du camphre : 230.677 *Yen* (595.839 francs).

Et maintenant, si, en tenant compte des détails ci-desssu

exposés, on compare le Budget normal de 1905-06 et celui de 1904-05, on peut remarquer une augmentation dans les recettes ordinaires du Budget de cette année. Elle est due principalement à l'accroissement de diverses recettes, accroissement résultant du développement économique en général et de la richesse du pays, et à la perception d'une année complète des Revenus du Monopole de la manufacture du tabac et des Impôts spéciaux extraordinaires. En effet, ce Monopole et ces Impôts fonctionnent depuis le printemps de l'année dernière, c'est-à-dire, depuis une année entière, alors qu'ils n'avaient été en vigueur que pendant une partie de l'exercice précédent. Enfin, il existe une autre cause à l'augmentation des recettes ordinaires, c'est l'accroissement des profits des chemins de fer et des revenus du Monopole du camphre.

Quant à l'augmentation des recettes extraordinaires, elle tient surtout à l'accroissement des virements de l'indemnité chinoise.

La diminution légère des Dépenses ordinaires résulte, comme nous l'avons déjà dit, des économies considérables faites sur le budget des divers services administratifs en général et sur celui des Communications en particulier. On constate bien une augmentation des Pensions aux fonctionnaires civils et militaires et des dépenses se rapportant au Monopole du camphre et aux Ecoles ; mais toutes ces sommes sont relativement peu importantes.

En ce qui concerne les Dépenses extraordinaires, leur diminution est due principalement ; à l'ajournement de divers travaux dont l'urgence ne s'imposait pas.

* *

DÉPENSES DE LA GUERRE RUSSO-JAPONAISE

Le Budget des dépenses relatives à la guerre russo-japonaise comprend, comme nous l'avons dit au début de cette étude, deux budgets : l'un dit " Budget des dépenses extraordinaires de guerre ", l'autre dit " Budget de réserve pour dépenses éventuelles ". Le Budget des dépenses extraordinaires de guerre uniquement pour but de parer aux dépenses des Armées de terre et de mer au cours de la guerre russo-japonaise et présente un caractère de comptabilité spéciale, en ce sens que, à la différence de l'exercice budgétaire normal qui est limité à une année fiscale, il est afférent à un Exercice d'une durée indéterminée, allant du commencement jusqu'à la fin du conflit actuel. Le Budget de réserve pour dépenses éventuelles a pour objet de faire face à toutes les autres dépenses administratives et diplomatiques connexes avec la nouvelle situation politique ; il relève de la comptabilité générale et il doit subvenir à ces dépenses au fur et à mesure des besoins et des demandes des Ministères intéressés.

Dès l'ouverture des hostilités entre le Japon et la Russie, au mois de février 1904. le Gouvernement, pour parer aux nécessités de la nouvelle situation, avait eu recours aux mesures suivantes : Imposition de Taxes spéciales extraordinaires, Institution du Monopole de la manufacture du tabac, Emission des obligations du Trésor, Virement des fonds appartenant à la Comptabilité spéciale, et Prêts (Emprunts temporaires). Le Gouvernement put ainsi se procurer, et abondamment, les ressources indispensables pour les besoins de la guerre............ mais d'une guerre qui ne se prolongerait pas d'une façon anormale. Or, celle-ci continuant toujours et le théâtre des opérations s'élargissant chaque jour davantage, au point que les premières ressources prévues auraient pu bientôt se trouver insuffisantes. le Gouvernement Impérial, pour se créer un 2ᵉ trésor de guerre, a proposé au vote de la Diète convoquée à la fin de 1904. dans sa 21ᵉ session, plusieurs projets, simultanément avec le Budget général de l'Exercice 1905-06. savoir : le Budget des Revenus résultant de l'augmentation du taux des impôts supplémentaire au Budget général ordinaire ; le Budget supplémentaire des dépenses de guerre, déjà votées précédemment par la Diète dans sa 20ᵉ session extraordinaire ; le Budget des fonds de réserve pour dépenses éventuelles administratives et diplomatiques connexes à la nouvelle situation politique ; le Projet de loi concernant le paiement des dépenses relatives à la guerre russo-japonaise ; le Projet de révision de la loi des impôts spéciaux extraordinaires, en vue d'une deuxième augmentation du taux des taxes; le Projet de loi concernant le Monopole du sel, etc. Tous ces projets ont été approuvés par la Diète.

Le total du Budget des dépenses afférentes à la guerre russo-japonaise s'élève à 780.000.000 Yen (2.014.740.000 fr.) dont 700.000.000 Yen (1.808.100.000 francs) pour dépenses extraordinaires de guerre et 80.000.000 Yen (206.640.000 fr.) comme Fonds de réserve pour dépenses administratives et diplomatiques connexes à la nouvelle situation politique. En ce qui concerne le projet du Gouvernement relatif aux ressources qui doivent alimenter les dépenses de guerre, il a été voté à l'unanimité par les deux Chambres des Députés et des Pairs, après avoir subi quelques modifications peu importantes de la part de la Chambre basse.

Ces ressources proviennent :

Des disponibilités résultant des fortes économies effectuées sur les dépenses du Budget ordinaire de l'exercice 1905-1906 et du non-emploi, au cours de l'exercice actuel, de certains crédits habituellement affectés aux dépenses ordinaires de la Guerre et de la Marine, soit 124.880.000 (322.565.040)

De Virements de fonds de la comptabilité spéciale, soit . . 8.000.000 (20.664.000)

Des recettes découlant de la surélévation du taux des Taxes spéciales extraordinaires précédemment établies et de la création de nouvelles taxes extraordinaires et de l'application du Monopole du Sel. 74.120.000 (191.451.960)

Des Contributions volontaires des particuliers pour subvenir aux dépenses de la guerre, contributions approximativement évaluées à 1.500.000 (3.874.500)

De recettes diverses, soit . . . 500.000 (1.291.500)

Des Emprunts publics, Emission des Obligations du Trésor et prêts (Emprunts temporaires), soit 571.000.000 (1.474.893.000)

En ce qui concerne l'augmentation des Taxes, il importe de faire remarquer que le projet initial du Gouvernement comportait 82.620.000 Yen (213.407.460 francs) de recettes ; mais le vote de la Chambre des Députés, qui trouvait trop élevé le taux même de l'augmentation desdites Taxes, eut pour résultat d'amener une diminution de 58.500.000 Yen (21.955.500 francs) sur le chiffre proposé. Aussi fallut-il retrouver ailleurs, et immédiatement, cette dernière somme : et c'est pour y arriver que la Chambre, par voie d'amendement au Budget normal, y reprit 1.500.000 Yen (3.874.500 francs) pour les attribuer au Budget des Dépenses de guerre, comblant d'autre part le déficit net de 7.000.000 Yen (18.081.000 francs) en attribuant à ce même Budget les évaluations de 2.000.000 Yen (5.166.000 francs) à provenir de Recettes diverses et de Contributions volontaires et de 5.000.050 Yen (12.915.000 francs) à provenir des Prêts (emprunts temporaires).

Les 8.000.000 *Yen* (20.664.000 francs) de virements des Fonds de la comptabilité spéciale représentent des avances temporaires de la caisse des Fonds de réserve pour la construction complémentaire de vaisseaux de guerre et de torpilleurs, de la caisse de secours en cas de calamités publiques et de la caisse de l'Instruction publique.

Pour ce qui est des contributions volontaires aux frais de guerre et des recettes diverses, elles ont déjà fourni le rendement prévu, c'est-à-dire, 1,500.000 et 500.000 *Yen* (3,874,500 et 1,291.500 francs).

De même, sur le total de 571,000,000 *Yen* (1,474,893,000 francs) à provenir des Emprunts publics et des Prêts temporaires, le Gouvernement a pu déjà se procurer : par l'émission de l'emprunt fait à Londres en Novembre 1904, la somme de 117,150,000 *Yen* (302,598,450 francs) par l'émission faite, en Mars dernier, à Londres et à New-York (£ 30.000.000) 292.890.000 *Yen* (756,544,870 francs), et enfin par l'emprunt national émis au mois de Mars dernier, 100,000,000 *Yen* (258,300,000 francs).

Au regard de la différence résultant de la valeur nominale et de la valeur réelle des Obligations du Trésor et des Emprunts publics, on y suppléera plus tard au moyen d'émissions, d'emprunts, conformément aux prévisions de la loi, promulguée en 1904.

En ce qui concerne l'imposition des Taxes spéciales extraordinaires nouvellement votée et la surélévation du taux précédemment appliqué, voici comment peut s'obtenir le total prévu de 74,128.799 *Yen* (191,474,688 francs.)

	Yen	*Fcs.*
Impôt foncier	18.640.678	(48.148.871)
Impôt sur le revenu	5.286.462	(13.654.931)
Patentes	5.809.007	(15.004.665)
Taxes sur les boissons alcooliques	2.566.083	(6.628.492)
Accise sur le sucre	2.400.104	(6.199.469)
Impôt sur les médicaments préparés et livrés au commerce	89.279	(230.608)
Taxe sur les exploitations de mines	1.389.586	(3.589.301)
Droits sur les Bourses	432.566	(1.117.318)
Droits de sortie sur les boissons alcooliques de la préfecture d'Okinawa	66.577	(171.968)
Droits de douane	2.687.626	(6.942.138)
Taxes sur les voyageurs	3.188.180	(8.235.069)
Impôt sur les successions	4.309.596	(11.131.686)
Revenu du timbre	11.023.388	(28.473.411)
Recettes provenant du monopole du sel	16.239.667	(41.947.060)
Total	74.128.799	(191.474.688)

Les dépenses extraordinaires de guerre s'élèvent au total de 1.236.000.000 *Yen* (3.192.588.000 francs) se décomposant comme suit, au point de vue de leur origine légale : 156.000.000 *Yen* environ (402.948.000 francs), somme obtenue en vertu d'Ordonnance Impériale en 1903, et destinée, alors que les difficultés s'accentuaient chaque jour davantage entre le Japon et la Russie et que l'on désespérait de pouvoir maintenir la paix, à parer le plus tôt possible aux nécessités d'une rupture éventuelle ; 380.000.000 *Yen* (981.540.000 fr.) somme inscrite au Budget approuvé par la Diète dans sa 20me session ; et enfin 700.000.000 *Yen* (1.808.100.000 francs), somme votée par la Diète, dans sa 21me session, comme Budget supplémentaire au Budget précité.

Quant aux Fonds de réserve pour dépenses administratives et diplomatiques connexes avec la guerre, leur total atteint à 120.000.000 *Yen* (309.960.000 francs) sur lesquels 40.000.000 *Yen* (103.320.000 francs) ont été proposés et votés à la 20me session comme supplément à l'exercice 1904-05, et 80.000.000 *Yen* (206.640.000 francs) votés à la 21me session, comme Budget supplémentaire de l'exercice 1905-06. Il ressort de ces chiffres que l'ensemble des dépenses relatives à la guerre russo-japonaise représente la somme de 1.356.000.000 *Yen* (3.502.548.000).

Au point de vue de la provenance matérielle de ces ressources à affecter aux dépenses directes et indirectes de la guerre, voici quels en sont les facteurs :

	Yen	*Fcs*
Emprunts publics. Obligations du Trésor et Prêts (emprunts temporaires)	982.000.000	(2.536.506.000)
Reliquat du compte général . .	309.000.000	(798.147.000)
Virement de Fonds appartenant au Compte spécial	63.000.000	(162.729.000)
Contributions volontaires de particuliers aux dépenses de guerre	1.500.000	(3.874.500)
Recettes diverses.	500.000	(1.291.500)

Il y a encore quelques dépenses relatives aux évènements actuels qui sont payées avec le Budget ordinaire, mais, elles ne sont pas mentionnées ici, vu leur peu d'importance.

En somme, le programme financier pour la guerre a été basé sur les ressources provenant du Reliquat des Recettes ordinaires du Budget ; de Virements de Fonds appartenant au Compte spécial ; des Taxes spéciales extraordinaires et des Emprunts publics. Les recettes provenant de l'augmentation des Taxes, y compris les nouvelles, doivent atteindre, au

cours de l'exercice 1905-06, à environ 150.000,000 Yen (387.
450 000), chiffre qui représente le total devant être spécialement
perçues en raison de la présente guerre. Aussi forte qu'ait été
l'augmentation des impôts, au cours du présent exercice, par
rapport au Budget précédent, ç'a été un soulagement de
constater que la capacité contributive du pays n'a pas été
entamée ; on l'a bien vu à l'occasion des émissions d'emprunts,
auxquelles le peuple a souscrit avec tant d'ardeur, heureux
d'avoir pu apporter à une œuvre si patriotique le concours de
son épargne et de sa richesse, plus grandes que beaucoup ne
le supposaient. Il est vrai de dire que, tandis qu'il élaborait la
loi relative aux taxes spéciales extraordinaires, le Gouvernement, soucieux de les rendre le moins lourdes possible,
prenait les mesures nécessaires pour restreindre les dépenses
administratives. En ce qui concerne les emprunts publics émis
pour parer aux dépenses de la guerre, les neuf dixièmes étant
déjà souscrits, le Gouvernement pourra se procurer sans
difficulté, le peu dont il a encore besoin, par une autre
émission.

A en juger d'après son état économique et commercial,
depuis la déclaration de guerre jusqu'à aujourd'hui, l'Empire
à la différence d'autres pays étrangers chez qui la guerre
amène les plus funestes résultats, n'a pas été influencé par
l'augmentation des divers impôts ni par les emprunts publics
successivement émis. En effet, le Japon a heureusement pu
maintenir, jusqu'à présent, sa bonne situation économique :
ce qui le prouve bien, c'est que sa réserve métallique, échan-
geable contre les billets convertibles émis par la Banque du
Japon, est forte et solide ; sans doute le montant d'émission
des billets convertibles a bien été augmenté depuis le conflit
mais, il ne diffère pas des années normales, puisque cette
augmentation ne concerne que les billets mis en circulation
en Mandchourie et en Corée. D'un autre côté, le commerce
extérieur, au cours de l'année dernière, a accusé une prospérité
sans égale ; et une statistique toute récente, est venue affirmer
par un exposé de chiffres relatifs à l'Epargne postale et aux
nombreux dépôts dans les banques, la richesse du peuple. En
un mot, tout démontre que les lourdes charges apportées par
la guerre n'entravent en rien le développement économique
ni le progrès de la nation.

LES IMPOTS

Le Budget dont nous avons donné les grandes lignes s'alimente en majeure partie par l'impôt.

Les impôts japonais dont la base est la proportionalité, comprennent :

1° *L'impôt foncier.* — Le taux de cet impôt a été calculé d'abord à 3 o/o sur la valeur des biens fonds imposables, puis abaissé en 1877 à 2 et demi. Actuellement, la taxe foncière, suivant la classe du terrain, varie entre 3 o/o 3.5 et 5 o/o.

2° *L'impôt sur le revenu* qui est supporté 1° par les personnes qui sont domiciliées ou qui ont résidé au moins une année au Japon; 2° par celles qui, sans être domiciliées au Japon y ont des biens ou une exploitation commerciale et industrielle. Ces personnes ne sont néamoins tenues de payer l'impôt qu'à l'égard des revenus desdits biens

Les taux de cette taxe sont très interessants à noter, car ils comportent plus d'une leçon pour les gouvernements comme le nôtre qui hésitent à appliquer cette sorte d'impôt.

Les revenus au-dessus de cent mille yen payent 55 o/o; au-dessus de 15.000 yen 35 o/o; au-dessus de 10.000 yen 30 o/o; au-dessus de 1.000 yen 15 o/o; au-dessus 300 yen 10 o/o seulement.

L'on voit, par ce simple tableau, combien le gouvernement impérial japonais est moins craintif que les gouvernements démocratiques qui se piquent cependant d'être à l'avant de la civilisation.

Le revenu est estimé d'après le montant annuel et approximatif de ce qui reste des recettes en général, après avoir déduit les frais nécessaires pour l'exploitation.

3° *L'impôt des patentes* qui a été créé en 1896. Imposé à tout genre de commerce ou d'industrie, il est proportionné à la nature et à l'importance des affaires, afin d'établir une répartition équitable de la charge. C'est dans ce but qu'il est basé, tantôt sur le capital ou le chiffre d'affaires, tantôt sur le loyer des bâtiments ou sur le personnel employé à l'exploitation, ou bien encore sur le montant des honoraires, commissions, courtages, etc. ou des devis d'entrepreneurs.

4° *L'impôt sur les successions* qui date de décembre 1904. Le taux du droit imposable varie, suivant la valeur des biens et la catégorie d'héritiers à laquelle appartient celui qui succède.

5° *La taxe sur les boissons*, qui est une des plus importante sources de revenu pour l'Etat, comprend : la taxe sur le saké, la taxe sur la bière et la taxe sur les boissons alcooliques.

L'impôt sur le Schôyu est également une taxe de consommation qui rapporte des sommes considérables à l'Etat, ainsi que l'impôt sur la consommation du sucre.

7° D'autres droits, qui sont maintenant l'impôt sur les *produits pharmaceutiques, la taxe sur les exploitations de mines, les droits sur les bourses, l'impôt sur l'émission des billets de banque, les droits de tonnage*. Ces derniers droits créés en 1899 sont imposés aux navires marchands chaque fois qu'ils entrent dans les ports ouverts à raison de cinq sen par charge enregistrée ou par dix koku de charge.

Les Douanes.

Les douanes ont une place particulièrement importante en ce qui concerne la relation d'un pays avec les nations étrangères.

D'après les traités révisés et la loi des « droits de douane » la taxe douanière imposée aux produits importés est calculée sur leur valeur au pays d'achat, de production ou de fabrication, augmenté des frais d'emballage, de transports, d'assurance et de toutes les autres charges qu'ils supportent jusqu'à leur arrivée aux ports d'importation.

Les livres, les journaux, les actions, les monnaies, les engrais, les minerais, les matériaux d'emballage et les matières premières pour la fabrication des allumettes sont exempts de droits. Les autres produits, ainsi que certains comestibles et métaux manufacturés sont frappés de droit variant de 5 à 20 0/0 de leur valeur ; les produits coloniaux, le pétrole et les objets d'art de 20 à 40 0/0 de leur valeur à leur entrée dans l'Empire. Les vins, liqueurs et l'alcool sont frappés de droits de 35 à 300 % de leur valeur.

L'introduction du sel et du tabac est prohibée.

Nous venons d'exposer dans ses lignes générales le système des impôts de l'empire japonais.

Au moment de la guerre russo-japonaise, le gouvernement pour pourvoir aux dépenses extraordinaires du moment, dut prendre une loi dite de taxe spéciale et extraordinaire pour augmenter les taxes déjà existantes.

Cependant, ces nouveaux impôts sont appelés à disparaître prochainement. Ils n'ont pas été, du reste, un trop lourd fardeau aux épaules de la nation qui les a supportés avec un patriotisme admirable.

Il faut ajouter aux revenus que l'Etat tire des impôts ceux qui lui proviennent, notamment du monopole du tabac, du monopole du sel marin. Ils sont d'une importance considérable.

La rentrée des impôts s'opère au Japon avec une facilité

telle qu'on peut dire qu'il n'est pas une nation qui s'acquitte des charges d'Etat avec plus d'aisance.

Des impôts raisonnables, une administration bienveillante sans esprit de fiscalité, une répartition très juste des taxes, la facilité d'un prompt recours contre une imposition qui aurait été inexacte, la simplicité du système... Telles sont les causes de la prospérité des finances de l'Etat, telles sont les raisons qui font que le contribuable japonais est un des plus heureux qui soit au monde.

Pour satisfaire à ses devoirs d'administration et de gouvernement, l'Empire japonais a, en plus des ressources régulières ue lui fournit l'impôt, celle qui tient des Emprunts, comme il a aussi les charges d'en régler les intérêts ou d'en opérer les remboursements s'il y a lieu.

IV

LES DETTES DE L'ÉTAT

Une étude de la situation financière d'un pays ne peut donc se réaliser sans un examen de sa dette publique.

A ce point de vue encore, le Japon, en dépit de la récente guerre, est dans une situation particulièrement favorable.

L'on ne pourrait certes pas en dire autant de toutes les autres nations dont les habitants ont à payer des impôts qui dépassent leurs forces ou à assumer une quote part de dette publique exorbitante.

Là où, par exemple, un français, ou un allemand, ou un anglais, ou un italien, doit payer cent francs le japonais n'a à payer que quarante francs, ce qui revient à dire, à toutes ressources égales que la capabilité du Japonais à supporter de nouvelles charges financières est infiniment plus grande que celle du français, de l'anglais, de l'allemand, ou de l'italien.

Et de même qu'un homme qui ne porte déjà qu'un poids très faible portera facilement un second fardeau de même le Japon supportera plus aisément que n'importe quelle autre nation le poids d'une dette publique nouvelle qui ne viendra pas s'accroître de l'énorme pesanteur d'une dette ancienne trop considérable.

*
* *

Voici du reste le tableau de la dette publique Japonaise.

Montant de la dette publique en Yen (environ 2 fr. 60)

1903-04

Dette dite *kiukosai* ou ancienne dette. Sans intérêt (dette des anciens Han).	3.950.181
Dette dite *kinroku* (Rachat des pensions féodales) 5 o/o.	16.631.640
Emprunt de Marine 5 o/o	8.297.300
Dette convertie 5 o/o.	167.128.350
Dette pour la construction des chemins de fer 4 o/o	17.577.750
5 o/o.	37.248.900
Dette pour les chemins de fer de Hokkaido 4 o/o.	2.000.000
5 o/o.	3.592.500
Dette pour la guerre 5 o/o.	115.641.150
Dette pour les travaux des communications 5 o/o	65.434.600
4 o/o.	78.052.250
Dette pour les travaux de Taiwan 5 o/o	23.707.900
Nouvelle dette étrangère 7 o/o.	—
Total	538.962.521
Emprunt pour le rachat du papier-monnaie (sans intérêt).	22.000.000
Virement de fonds destiné aux travaux publics de Taiwan 6 1/2 o/o.	3.349.200
Titre de la dette du Trésor 5 o/o	607.230
Papier-monnaie en circulation.	1.515.159
Totaux	566.434.110

EMPRUNTS NÉCESSITÉS PAR LA GUERRE CONTRE LA RUSSIE

Obligations du Trésor en yens

1re *Emission*. Février 1904, 100.000.000 à 5 o/o remboursable 5 années après.
2e — Mai 1904, 100.000.000 à 5 o/o — 7 — —
3e — Nov. 1904, 80.000.000 à 5 o/o — 7 — —
4e — Mars 1905, 100.000.000 à 6 o/o — 7 — —

Le total des souscriptions fut si élevé que le chiffre de la première émission atteignait à 452 o/o, celui de la seconde à 322 o/o, celui de la troisième à 246 o/o et celui de la quatrième à 490 o/o du montant émis.

Emprunts étrangers en francs

1re *Emission*. — Mai 1904, 250.000.000 à 6 o/o remboursable en 7 ans.
2e — Nov. 1904, 300.000.000 à 6 o/o — 7 —
3e — Mars 1905, 750.000.000 à 4 1/2 — 20 —

Les deux premiers ont été gagés par les droits de douane

de l'Empire et le 3ᵉ par le profit net du Monopole du Tabac. On se rendra compte que les conditions du dernier emprunt ont été infiniment meilleures que celles des deux premiers et du reste les trois emprunts ont été si favorablement accueillis sur les marchés étrangers que chaque émission a été couverte plusieurs fois, notamment la dernière qui a été souscrite sept fois.

* *

Enfin, pour laisser les chiffres terminer cette étude avec l'éloquence propre aux nombres précis, voici le tableau résumé et comparé de toutes les recettes et dépenses des six dernières années, l'on se convaincra que le budget normal n'a jamais cessé de se solder en excédent.

	Recettes totales		Dépenses totales	Excédent
1900-01	295.854.868	1900-01	292.750.059	3.104.809
1901-02	274.359.049	1901-02	266.856.824	7.502.225
1902-03	297.341.424	1902-03	289.226.731	8.114.693
1903-04	260.220.758	1903-04	249.596.131	10.624.627
1904-05	293.500.937	1904-05	287.417.173	6.083.764
1905-06	305.667.190	1905-06	211.973.848	93.693.342

L'on ne prête, dit-on, qu'aux riches ! Quelle fortune doit donc être celle du Japon si l'on songe à ce qu'on a offert de prêter au Gouvernement Japonais. Chaque fois que, du fait des circonstances, il a fait appel au crédit national ou étranger, ses emprunts ont été couverts plusieurs et plusieurs fois et il a dû refuser la plus grande partie de l'argent qui lui était offert.

*

LE SYSTÈME MONÉTAIRE

Le système monétaire du Japon remonte à 1601 date à laquelle le premier monnayage d'or et d'argent fut adopté.

Ce système se prolongeât avec des péripéties diverses jusqu'à la restauration de 1868.

Le nouveau gouvernement s'efforçant de rétablir le bon ordre dans les affaires financières du pays ordonna l'adoption de l'étalon d'or en 1871.

Cependant comme le Japon se trouvait seul en Extrême-Orient au milieu d'Etats à monnaie d'argent il fut obligé de remettre en circulation dans l'intérieur les pièces d'un yen en argent qui avait été frappés pour le commerce extérieur.

Dans ces conditions il y eût en fait un double étalon.

Il était indispensable de revenir tôt ou tard à l'étalon d'or, pour le plus grand bien du progrès économique du Japon. Ce fut dans cette pensée que le comité d'étude de la question monétaire fut constitué, afin de pouvoir prononcer sur les mesures à prendre. Bien que la majorité de ce comité en reconnût la nécessité, l'adoption de l'étalon d'or n'était pas immédiatement praticable, à cause de l'absence de ce métal précieux, dont une forte réserve était absolument indispensable' Or la guerre sino-japonaise de 1895 donna l'occasion et le moyen de réaliser ce projet longtemps caressé, grâce à l'indemnité de guerre reçue de la Chine. Aussi la loi 11 de l'année 1897 a t-elle proclamé le rétablissement définitif de l'étalon d'or dans notre pays.

A Formose où les indigènes étaient habitués depuis longtemps à l'usage des pièces d'argent et où les relations commerciales avec la Chine sont très importantes, le régime de l'étalon d'or ne fut pas appliqué. Aussi, la circulation des pièces d'argent y resta t-elle autorisée comme monnaie légale de l'île avec cours variables suivant les fluctuations du commerce. Mais le développement économique de la colonie s'étant sensiblement affirmé et le commerce avec la métropole devenant chaque jour de plus en plus florissant, le Gouvernement général de Formose a fini par adopter le système de l'étalon d'or tel qu'il est appliqué dans le Japon même. D'après l'Ordonnance du 4 Juin 1904, qui décrète cette adoption, la circulation des monnaies d'or s'est effectuée depuis le 1er Juillet de la même année, d'où il résulte l'interdiction de la circulation des pièces d'argent dès la même date. Toutefois celles-ci seront acceptées par les caisses publiques, lesquelles ne les remettront pas en circulation.

En résumé, la solidité du système monétaire que le Japon a adopté est aujourd'hui confirmé par l'expérience. En dépit en effet de la guerre avec la Russie, il n'y a eu sur le marché aucune fluctuation dans le change. C'est là une preuve décisive.

V

LA VIE FINANCIÈRE PRIVÉE

LES BANQUES

Toute nation qui entre dans la voie des progrès industriels doit ordonner ses richesses, les capitaliser en des maisons qui seront comme ses caisses d'épargne et qu'on nomme des banques.

Jusqu'en 1872, le Japon était demeuré fermé aux grandes opérations financières. C'est seulement au mois de novembre de l'année 1872 que la publication d'un règlement sur les banques nationales ouvrit un champ plus large d'action aux affaires de banque japonaises.

Bouleversant l'état féodal du Japon, la restauration de Meiji élargit le cercle de son commerce jusque-là très restreint en même temps qu'elle donnait l'essor aux banques, qu'avaient remplacées jusqu'alors des maisons de commerce, semblables aux banques actuelles, à qui le gouvernement Shogounal confiait les affaires de droit et de taxes en même temps que le soin de fournir du numéraire aux seigneurs féodaux.

Depuis la promulgation de la loi relative aux Banques nationales, le nombre des établissements de ce genre s'est multiplié, acquerrant avec une organisation complète la faculté de répondre à tous les besoins de travaux et entreprises agricoles, industrielles et commerciales. De là vient que tous les établissements de crédit se chiffrent au moins pour l'Empire japonais à trois cents.

Tous ces établissements, selon que l'on considère la nature de leur fonction ou le but de leurs opérations se divisent en deux catégories distinctes ; d'un côté, les établissements fondés sous l'empire du règlement général des banques, pour suffire à un besoin de crédit financier qui se faisait sentir partout, mais surtout dans les affaires commerciales ; d'un autre côté, les établissements basés sur la loi toute spéciale des banques pour être simplement des instruments de crédit en matière de travaux ou entreprises particulières

La grande préoccupation du gouvernement central, établi après la restauration de Meij lui vint des finances. Dans le but d'organiser le crédit pour le développement du commerce en général, il décida la fondation de banques nationales, tandis que lui venait l'idée d'user du même moyen pour retirer de la circulation le papier-monnaie émis par lui et déjà parvenu à un chiffre considérable. En 1872, fut publié sur les banques nationales un règlement qui n'était que la reproduction du système régissant les banques nationales des Etats-Unis de l'Amérique du Nord et portant que les billets mis en circulation par elles seraient remboursables en numéraire. Quatre banques nationales naquirent de ce règlement. Mais cette réforme occasionna pour l'Administration des frais énormes en même temps qu'elle dépréciait le papier monnaie convertible par rapport aux espèces métalliques. Il fut donc impossible de continuer la conversion.

A ce moment, un projet nouveau vint compliquer la situation déjà embarrassée. Il s'agissait d'une réforme portant sur le mode de rémunération des seigneurs féodaux. « Kazoku et leurs vassaux « Shizoku ». La création d'une dette publique appelée «Kinroku-Kosaï» (rente créée pour rachat des pensions des seigneurs féodaux et de leurs vassaux) d'un total de 170.000.000 de yen fut décidée.

Le Gouvernement tenta une réforme du règlement des banques nationales, tandis qu'il adoptait l'échange des billets de banque contre le papier-monnaie qu'il émettait lui-même en prenant pour base les titres de la dette publique. De là l'objet du nouveau règlement publié au mois d'août 1876, qui fit augmenter en très peu de temps le nombre des banques nationales existant déjà de cent trente-trois.

Mais une difficulté surgit. Quoique convertibles en papier-monnaie d'État, les billets émis par les banques nouvelles, furent, en réalité, inconvertibles. La raison en était que les billets de banques se dépréciaient au fur et à mesure que s'accroissait le nombre des banques.

Mis en garde par ce fait, le Gouvernement à partir de 1880, loin d'autoriser l'établissement de nouvelles banques nationales, décida l'adoption de mesures énergiques pour assurer une forte stabilité au système des billets convertibles. Dans le même but, il apporta en 1883, un amendement aux règlements des banques nationales.

Alors leur fut enlevé le privilège d'émettre des billets et l'on prit même toutes les mesures possibles pour le rachat de ceux qu'elles avaient déjà émis.

Tandis que ceci se passait pour les banques nationales, les Banques privées et les Sociétés commerciales, libres de la surveillance des règlements impériaux se multipliaient dans une merveilleuse expansion. En 1884, on comptait 954 établissements de ce genre ; leur nombre ne s'arrêta pas là. Jouissant d'une liberté entière, ces banques se fondaient comme elles l'entendaient, n'ayant maille à partir avec le gouvernement qu'au cas où leurs statuts se trouvaient en désaccord avec les lois et les règlements. Dans ce cas le Préfet leur opposait le veto du Gouvernement.

Cependant l'influence des banques particulières sur la situation économique du pays augmentait de jour en jour. Leur direction ne pouvait être laissée au hasard ou abandonnée entre des mains inhabiles. Aussi, le Gouvernement, au cours de l'année 1890, publia deux règlements, l'un concernant les banques en général, l'autre les banques d'épargne. Tous deux furent en vigueur depuis 1893 en même temps qu'une partie du droit commercial.

Dès les premiers temps de leur fondation, les Banques nationales furent, aussi bien que les banques privées un instrument financier pour le développement du commerce en général. Même, la plupart d'entre elles, se transformèrent en banques privées à l'expiration de leur privilège. En février 1899, toutes banques nationales avaient disparu dans le pays. Ainsi donc, il n'est plus aujourd'hui aucune différence, soit au point de vue économique, soit au point de vue légal, entre les anciennes banques nationales et les banques privées que régit une même législation.

Banques nationales, banques privées, tels sont les deux grands moyens de centralisation financière que possède le Japon. En dehors apparaissent un grand nombre d'établis-sements de crédits, isolés des banques et par le but particulier qu'ils se proposent et par une législation toute spéciale. Leur nombre peut se ramener à 7.

En février 1880, alors que les ennuis suscités aux banques nationales par le nouveau règlement rendaient les opérations de celles-ci difficiles et les forçaient à une désespérante lenteur, un établissement de crédit se forma dont l'idée directrice fut d'activer la circulation monétaire entre le commerce intérieur et le commerce extérieur. La « *Yokohama Specie Bank*» était fondée. En but au mauvais vouloir du gouvernement qui lui refuse d'émettre des billets convertibles, elle semble destinée à périr. Mais, dirigeant d'un autre côté ses capitaux, elle se donne aux affaires de change et à la négociation des effets étrangers qui lui assurent une vitalité de jour en jour plus virile et plus forte. Et sa nouvelle organisation la différenciant ainsi que la nature de ses opérations d'une banque nationale, elle en profite pour se soustraire aux règlements des banques nationales et par là même acquiert, en même temps qu'une liberté plus grande, une plus grande facilité d'opération. Le gouvernement ne tarde pas à reconnaître cette indépendance de la *Yokohama Specie Bank* et publie pour elle, en juilllet 1887, des règlements qui la situent complètement à part des banques nationales.

UNE BANQUE NATIONALE

La vie financière du Japon commençait à peine qu'une multitude de petites banques surgissaient de tous côtés. Sans lien efficace entre elles, elles entretenaient dans les finances un trouble quasi permanent auquel le Gouvernement se résolut de mettre fin. A cet effet, il fondait en 1882 une banque centrale vers laquelle devaient converger toutes les opérations des petites banques disséminées un peu à l'abandon et au mois de juin de la même année, il promulguait les règlements de la Banque du Japon. En octobre, celle-ci commençait ses opérations.

Au but principal de cet institution qui se ramenait à la cen-tralisation financière, à la nécessité d'une banque première par son importance, qui eut sous sa dépendance toutes les autres et en assurât le fonctionnement, s'ajoutaient le ésir de faciliter la circulation monétaire, de faire abaisser le taux de l'intérêt, d'améliorer les Affaires d'Escompte, d'asseoir le système monétaire sur une base fixe et solide au moyen du privilège donné à la Banque du Japon, d'émettre des billets de banque convertibles et enfin de charger ladite Banque de l'administration des recettes et de dépenses publiques.

Dès sa fondation, la *Banque du Japon* sut inspirer une grande confiance à l'intérieur de même qu'à l'étranger. Au cours de la guerre sino-japonaise et au moment de la réforme du système monétaire, elle remplissait avec autant d'efficacité que de succès son rôle de Banque Centrale de l'Empire. Aujourd'hui, ses affaires sont très florissantes, si bien qu'elle crée des succursales et des bureaux supplémentaires.

Si les banques, destinées à favoriser le commerce, avaient pris un grand développement, il n'existait encore aucun établissement similaire en matière d'industrie et d'agriculture. Ce fut le besoin de remédier à cette lacune qui amena, en avril 1896, la promulgation des lois relatives à la Banque hypothécaire du Japon et aux banques d'Agriculture et d'Industrie. Effectuer des prêts à long terme et à intérêt peu élevé pour permettre à l'Agriculture et à l'Industrie de se développer en s'améliorant, tel était le but que se proposaient ces deux institutions. La première était un organe central, les secondes des organes locaux, mais toutes coopéraient à la même œuvre.

A peu près complète dans le Japon proprement dit, l'organisation financière était demeurée nulle dans les îles d'alentour. Ainsi dans l'île Formose, à Taïwan, il n'existait encore aucun établissement qui pût faciliter la circulation monétaire. Par ce fait l'exploitation des richesses de l'île se trouvait être très difficile. L'urgence du besoin inspira au gouvernement la loi concernant la Banque de Taïwan qui fut publiée en mars 1897.

En application de cette loi, la banque de Taïwan fut fondée au capital de 5 millions de yen et dotée du privilège d'émettre des billets de banque convertibles dont le montant ne pouvait excéder un yen nominal en argent. Ce privilège devait être modifié. Une ordonnance du gouvernement de Formose du 4 juin 1904 a, en effet, permis à la Banque d'émettre des billets de Banque convertibles en or à partir du 1ᵉʳ juillet 1904.

Très riche, la banque de Taïwan a contribué d'une façon remarquable au développement du commerce, de l'industrie et des travaux publics par des avances de fond. Le Gouvernement de Formose lui ayant confié la charge d'administrer les recettes et les dépenses de l'Ile, elle remplit dans la colonie, le rôle que joue, dans la métropole, la Banque du Japon, vis-à-vis du Gouvernement central.

A l'organisation financière de Formose succéda celle de l'île Yezo. Le Hokkaïdo était loin d'être dans une situation économique suffisamment développée. L'exploitation de l'île en souffrait. Aussi le Gouvernement publia-t-il en mars 1899 une loi sur la Banque de défrichement et de colonisation du Hokkaïdo, qui fut en vigueur au mois de mars de l'année suivante.

LE CRÉDIT MOBILIER

Une lacune restait encore à combler. A côté des divers établissements de crédit, il n'existait pas une seule institution de crédit mobilier. Le pays se trouvait couvert d'actions, de bons et d'obligations émis par diverses Sociétés industrielles sans qu'aucune Société spéciale se fondât qui pût avancer des sommes sur tous ces effets. Le Gouvernement y pourvut en édictant au mois de mars 1900 une loi sur la banque industrielle du Japon qui devait être fondée au mois d'avril 1902.

Ainsi donc, à mesure qu'elle se fondent, les Banques japonaises se classent par ordre, à mesure que la vie financière devient plus active, des lois sont promulguées qui dirigent sa croissance. Les Banques prennent les capitaux, les mettent en œuvre et chaque Banque, dans la partie qui lui est échue, essaie d'en tirer le plus grand profit possible. Comment ? C'est ce que montrera une rapide étude sur le caractère et les opérations des diverses Banques japonaises.

*
* *

Banque du Japon.

Et d'abord, qu'est au juste et que fait la Banque du Japon ? Toute Banque est en même temps une Société. La Banque du Japon est donc une Société, mais une Société anonyme par actions, au capital de *dix millions* de yen, deux fois augmenté avant 1895, et porté actuellement à *trente millions* de yen entièrement versés, une Société autorisée et privilégiée par la loi relative à sa constitution qui fut promulguée en juin 1882.

Les billets que met en circulation la Banque du Japon ont leur contre-valeur réservée en or et en argent monnayés et en lingots. En outre, ce privilège lui a été accordé de lancer dans la circulation jusqu'à concurrence de *cent vingt millions* de yen des billets garantis par des rentes d'Etat, des bons du Trésor, des valeurs ou des effets de commerce bien cotés. Mais si l'émission dépassse cette limite, le surcroît est imposé d'un droit de 5 o/o. Le privilège de la Banque a été modifié plusieurs fois. Ainsi, en 1899, elle devait s'arrêter à concurrence de *quatre vingt-cinq millions* de yen et avant 1890 à concurrence de *soixante-dix millions* de yen.

D'une façon générale, les opérations de la Banque du Japon peuvent se ramener à escompter ou à négocier les billets émis par le Gouvernement, les traites et les effets de commerce, à acheter ou à vendre l'or et l'argent en lingots, à faire des avances sur nantissement d'or ou d'argent, monnayés ou en lingots, à se charger d'encaissement pour les Sociétés, Banques ou commerçants qui sont en relations avec elle, à recevoir du numéraire en dépôt en compte courant, l'or, l'argent et autres métaux précieux, comme aussi les titres de diverses valeurs en dépôts de conservation, à ouvrir des crédits en compte courant ou à terme sur garantie de titres de rente, de billets émis ou d'autres valeurs garanties par l'Etat ; de plus, la Banque se charge du service du Trésor.

****

Yokohama Specie Bank.

Fondée en 1880 dans le but de faciliter le commerce extérieur du Japon, la Yokohama Specie Bank débuta avec un capital de *trois millions* de yen. Le Gouvernement la favorisa à tel point qu'il lui accorda entre autres dons un crédit de plusieurs millions de yen sur la réserve du Trésor. De ce crédit, la Banque pouvait disposer pour négocier les traites documentaires tirées sur l'étranger. Cette faveur fut retirée dès l'année 1889.

Cependant très préoccupé de ne pas influencer trop subitement les opérations de la Yokohama Specie Bank, ce qui aurait pu avoir des conséquences fâcheuses pour le commerce extérieur du Japon, le Gouvernement continua de la favoriser. C'est ainsi qu'il obligea la Banque du Japon à passer un contrat par lequel celle-ci peut réescompter les traites sur l'étranger endossées par celle-là au taux de 2 o/o par an et jusqu'à concurrence de *vingt millions* de yen.

Au mois de mars 1887, la Specie Bank augmentait son capital jusqu'à *six millions* de yen : en juillet de la même année était publié par un décret impérial, le règlement relatif à la Yokohama Specie Bank. Les opérations se développant toujours dans une prospérité croissante, nécessitèrent bientôt une deuxième augmentation de capital. De *six millions* de yen, le capital de la Specie Bank monta, vers ce temps, à *douze millions* de yen.

Plus tard en 1899, ce capital devait être doublé, vu les nouveaux développements que la Banque se proposait de donner à ses opérations. Il atteignait donc vingt quatre millions de yen. Sur ce nombre, dix-huit millions de yen sont déjà versés·

Les opérations de la Specie Bank correspondent à un pareil capital. Elles vont, en effet, à négocier les lettres de change et les traites documentaires pour l'étranger, à négocier de même les lettres de change et les traites documentaires pour l'intérieur, à faire des avances, à recevoir les dépôts de comptes divers et les dépôts de conservation, à escompter les traites, billets à ordre et autres effets négociables comme aussi à se charger de l'encaissement des factures, à faire le change des monnaies·

La Specie Bank, quand ses occupations le lui permettent, peut encore acheter ou vendre les titres de rente, l'or et l'argent en lingots ou des monnaies étrangères comme aussi se charger de négocier les emprunts étrangers et de faire le service des fonds du Trésor, selon les ordres du Gouvernement

**
**

Banque Hypothécaire du Japon (Nippon Kangyo-Ginko.)

Ce fut dans le but de développer l'agriculture et l'industrie japonaise que la Banque hypothécaire du Japon fut fondée. En faisant sur hypothèque de biens immeubles des avances à longs termes et à taux d'intérêts aussi minime que possible, elle permet à ceux dont la fortune est peu considérable de faire cependant honneur à leurs affaires. C'est un établissement central de crédit hypothécaire.

La Banque hypothécaire du Japon est une Société anonyme par actions. Elle a été fondée suivant la loi promulguée à cet effet au mois d'avril 1896. Son capital se monte à six millions de yen. Ses principales opérations consistent à faire sur hypothèques de biens immeubles, des prêts remboursables par annuités de moins de 50 francs ou à terme fixe, en moins de 5 ans, si la somme à prêter ne dépasse pas un dixième de celle à prêter à annuité ; (la somme à prêter sera de 2/3 de la valeur des immeubles hypothéqués, valeur estimée par l'établissement) à prêter sans hypothèque à tout corps public organisé par la loi, tel que département, arrondissement, ville, commune ou autres ; à faire, sans hypothèque, des prêts remboursables par annuités ou à termes fixes dans les cas suivants comme : lorsque les terrains cultivés sont régis par les prescriptions de «la loi relative à l'ajustement des terres arables», si tous les propriétaires intéressés s'engagent solidairement ; quand les commissaires d'ajustement des terres arables réclament un prêt de fonds, suivant les termes d'un contrat passé entre les propriétaires intéressés. Sur la garantie du «Gyoshu-Kén», ce droit permanent donné aux possesseurs de terrains défrichés, et constitué spécialement pour le territoire de Formose, dont les effets ne diffèrent pas de ceux du droit de propriété proprement dite dans notre code, car ce n'est qu'un droit d'usage, de jouissance et de disposition, sur donc la garantie du Gyoshu-Kén, la Banque peut faire des prêts de fonds à l'île Formose. Elle peut également souscrire des obligations émises par les Banques de l'Agriculture et de l'Industrie, constituées suivants les termes de la loi relative à ces établissements de crédit, comme aussi recevoir en dépôts de conservation l'or et l'argent en lingots, ainsi que les valeurs en titres.

En plus, lorsque l'encaisse le permet, l'établissement peut acheter temporairement des titres de rentes, les obligations de villes et de départements, ou faire des dépôts aux Banques de bon crédit avec l'approbation du Ministre des Finances.

Le quart de son capital une fois versé, la Banque hypothécaire jouit du privilège d'émettre des obligations pour dix fois le capital versé, sans qu'elles dépassent pourtant le montant total des prêts à annuité effectués et des obligations des Banques de l'Agriculture et de l'Industrie qu'elle a souscrites. Elle doit rembourser ces obligations deux fois par an, par tirage au sort, pour des sommes correspondant au remboursement des annuités ou des obligations des Banques de l'Agriculture et de l'Industrie ; ce remboursement peut s'effectuer avec prime (en loterie).

Le Gouvernement garantit un dividende de 5 o/o pendant dix années suivant la fondation.

**

Banques de l'Agriculture et de l'Industrie (Noko-Ginko).

On trouve ces Banques dans chaque département où elles se sont établies comme établissements de crédit local prêtant à long terme et ne montant leur taux d'intérêt que très peu. Ainsi donc ces Banques sont de véritables auxiliaires du crédit foncier central. Elles en complètent même le fonctionnement en faisant partie de cette grande organisation du Crédit agricole et industriel.

**

Banque industrielle du Japon (Nippon-Kogyo-Ginko),

Cet établissement de crédit ne date que du mois d'avril de l'année dernière. C'est une Société anonyme par actions au capital de dix millions de yen dont le quart est déjà versé.

La Nippon-Kogyo-Ginko s'occupe de faire des avances sur nantissement d'actions et d'obligations commerciales et par là même diffère de la Banque hypothécaire et des Banques de l'Agriculture et de l'Industrie, lesquelles ne sont qu'une organisation de crédit ayant pour but de prêter sur hypothèque immobilière, à long terme et à un taux minime d'intérêt. Ainsi donc celles-ci dans leur forme et leur but spéciaux sont un crédit foncier, tandis que celle-là peut être considérée comme une sorte de crédit mobilier.

**

PROTECTION & SURVEILLANCE GOUVERMENTALE

Un fait saillant marque la fondation et l'existence des Banques qui viennent d'être passées rapidement ici en revue : c'est la protection que leur assure le Gouvernement et la surveillance qu'il s'en est réservée pour s'assurer que chacun de ces établissements poursuit bien le but en vue duquel il a été fondé.

Que cette protection gouvernementale implique quelques inconvénients pour les directeurs des Banques, cela ne souffre pas discussion. Mais les restrictions que le Gouvernement impose aux Banques qui grandissent et vivent en quelque sorte sous sa tutelle, les désavantages qu'il leur fait subir par là même, se trouvent largement compensés par les privilèges qu'il leur accorde et dont elles bénéficient dans une mesure fort avantageuse.

D'ailleurs, ces Banques sont soumises à la stricte surveillance du Gouvernement. Leurs actes, même réglés par leurs statuts autorisés aussi bien que par la loi, doivent être approuvés, en toutes circonstances, par le Ministre des Finances. Aussi, quelques inspecteurs sont-ils nommés avec mission de faire des rapports sur les opérations de ces Banques. Quant aux Gouverneurs, présidents du Conseil d'administration, administrateurs, ils sont nommés soit directement par le Gouvernement, soit à l'élection en assemblée générale des actionnaires, avec approbation du Gouvernement.

*
* *

BANQUES ORDINAIRES

A côté des Banques protégées vers lesquelles le Gouvernement japonais a su drainer la plus grande partie des ressources du pays, des Banques s'élèvent, plus indépendantes dans leur vie financière, mais aussi moins fortes. Ce sont les Banques ordinaires.

Dans les premières années du Méiji, aucune loi n'existait qui régit ces Banques. Leurs fondateurs formulaient au gouvernement leur demande d'autorisation et tout était dit.

Au point de vue de la surveillance, cette façon plutôt primitive, d'établir un établissement de crédit suscitait bon nombre d'inconvénients. Aussi fut-il bientôt question d'élaborer une loi sur les Banques ordinaires. Souvent discuté, ce sujet ne fut jamais pris en considération.

Des retards ayant été apportés à l'application du code de commerce, les lois sur les Banques subirent les mêmes retards dans leur application. A vrai dire, ce n'est que la loi de 1894 qui a modifié en même temps que le code de commerce la loi d'application de ce code. Et c'est le décret publié vers la même époque qui a fixé l'application du code à partir du 1er juillet de la même année

Cette nouvelle législation décide que la fondation des Banques où la fusion de plus de deux Banques déjà existantes doit être autorisée par le Ministre des Finances, lequel est chargé d'examiner leur situation en toute occasion. Au Ministre des Finances doivent, de plus, être présentés par les Banques, leurs inventaires semestriels, le tableau de leur actif et de leur passif et un rapport sur leurs opérations en général. Il leur est enfin ordonné de publier leur bilan, dans les journaux, soit partout autre moyen de publicité.

Banques d'Epargne.

En 1890 était publiée la loi relative aux Banques d Epargne. Elle n'entre en vigueur qu'en 1893. Toute Banque d'Epargne doit être une Société anonyme par actions au capital d'au moins trente mille yen. Elle reçoit les dépôts du public et sert des intérêts composés. Les administrateurs de ces établissements de crédit sont solidairement responsables pour les opérations faites pendant la durée de leurs fonctions. Cette responsabilité dure encore deux années entières après leur retraite. Comme garantie de remboursement, la Banque d'Epargne doit déposer, en titres de rentes ou obligations locales portant intérêt à la caisse des dépôts et consignations de dépôts publics. Lorsque ce dépôt de garantie dépasse la moitié de son capital, elle peut déposer le surplus en effets de commerce, obligations ou actions de Sociétés bien cotées.

L'autorisation du Ministre des Finances est nécessaire pour modifier les Statuts des Banques d'Epargne. En tant qu'il s'agit des autres réglements, ces Banques sont soumises au régime des Banques ordinaires.

*
* *

LES SOCIÉTÉS

Avant 1848, les Sociétés n'existaient pour ainsi dire pas. Elles se formèrent d'elles mêmes par la suite au fur à mesure du développement du commerce et de l'industrie. Aucune loi écrite ne les régissait encore et cette absence de législation donna lieu naturellement à des désordres dans le rapport des Sociétés avec le commerce en général. En 1893, le chapitre des Sociétés du nouveau code de commerce fut mis en vigueur et les Sociétés qui jusque-là s'étaient formées librement se virent dans la nécessité de se munir d'une autorisation gouvernementale.

En outre des Sociétés en nom collectif, des Sociétés en Commandite, et des Sociétés anonymes par actions, le code de commerce, révisé en 1899, reconnut les Sociétés en Commandite anonymes par actions.

Avant cette législation, les Compagnies commerciales ne disposaient d'aucun moyen pour garantir le paiement des obligations qu'elles émettaient. Il en résultait pour elles de très grandes difficultés pour se procurer les capitaux nécessaires à leurs entreprises.

Pour remédier à cette situation, le Gouvernement promulgua en 1905, la loi de garantie des obligations commerciales, qui permet aux Compagnies d'hypothéquer leurs biens en garantie du paiement des obligations émises par elles.

Grâce à cette loi les industries nationales sont appelées à prendre un grand essor.

*
* *

LES BOURSES

Parmi les différentes sociétés japonaises, il y a lieu de citer plus particulièrement les Bourses.

La nécessité d'opérer des transactions sur le riz détermina, au Japon, la création de la Bourse.

Cette institution paraît remonter à la fin du dix-septième siècle.

Au Japon, comme en France, le temps de la Féodalité fut celui des redevances et des revenus en nature. La principale prébende des Princes était alors celle du riz. Ne pouvant consommer tout ce qu'ils recevaient de cette denrée alimentaire, ils l'envoyaient à une place de commerce central pour qu'il fût vendu aux courtiers en riz. Il était d'usage qu'à des périodes fixes ceux-ci se réunissent dans un endroit quelconque pour négocier. Même au début de la fondation du système, la vente se faisait entre eux au comptant. Ce fut seulement quelque temps après qu'un système particulier dit « Marché à terme fixe » fut imaginé qui revêtit peu à peu une forme complète.

La Révolution de 1868, d'où naquirent tant d'importantes innovations, poussa le Gouvernement à s'occuper activement de l'organisation et de l'administration intérieures des Bourses. Après une étude sérieuse sur le fonctionnement de ces établissements à l'étranger, il décida la réorganisation des bourses existantes, tout en se proposant de leur laisser leurs anciens usages. Telles furent les conditions dans lesquelles une nouvelle loi fut promulguée qui, mise en vigueur dès 1893, régit encore aujourd'hui les Bourses.

Celles-ci, comme l'indiquent et la loi en vigueur et le décret impérail promulguant son exécution, peuvent s'établir avec l'autorisation du Ministre de l'Agriculture et du Commerce, dans les grandes villes de Commerce les plus importantes, mais à raison d'une seule bourse pour un objet commercial donné.

Deux formes de bourses existent au Japon : les unes sont des sociétés par actions, les autres des corporations. Considérées les unes et les autres, dans la présente loi comme personnes morales, elles peuvent avoir des biens sociaux et en disposer à leur gré. Une bourse en forme de corporation est composée ou fondée par un des membres qui ont obtenu du Gouvernement la concession spéciale de certaines transactions ou négociations dans la bourse dont ils dépendent. Quant à la Bourse en forme de Société, elle réclame un capital d'au moins cent mille yen ; des courtiers autorisés par le Gouvernement peuvent seuls opérer ses transactions, en même temps qu'ils doivent prendre à leur propre compte l'exécution de tous les contrats.

*
* *

LES COURTIERS

Leur responsabilité collective

Pour être courtier et membre de corporation, il faut être d'abord sujet japonais, avoir vingt-cinq ans accomplis, et s'être livré depuis deux ans aux opérations de Bourse. S'il est un trait spécial qui caractérise pleinement les Bourses en forme de Sociétés par actions au Japon, n'est-ce pas cet usage qu'a pris la Bourse de répondre juridiquement et pleinement de l'inexécution des transactions faites par les courtiers à la Bourse elle-même, en d'autres termes, cette manière de garantie par les biens de la Bourse qui est une société à responsabilité limitée de toutes les transactions opérées à la Bourse ?

Trois sortes de transactions s'effectuent à la Bourse : celles du Marché au Comptant, celles du Marché à livraison déférée, celles du Marché à terme. Seul, de tous ces genres de transactions, le dernier est admis à la Bourse. Il constitue l'essence des transactions. Enfin, ce marché peut être fait à trois termes différents : fin du mois, fin du mois suivant, fin du troisième mois. Pour le marché à livraison, il peut s'effectuer dans un terme convenu qui ne devra pas excéder 150 jours.

Si des irrégularités sont commises par un courtier, il appartient à la Bourse d'user du pouvoir disciplinaire. C'est à elle que revient la charge de réprimander le courtier en faute ou de lui imposer des amendes conformément aux statuts préalablement approuvés par le Gouvernement. En revanche, la Bourse elle-même est l'objet d'une surveillance rigoureuse de la part de l'administration.

Chambre des Compensations.

Bien que l'usage des effets de commerce remonte à une époque très ancienne, ce n'est que très récemment que des Chambres de compensation ont été établies au Japon. Les Clearing-houses qui existent maintenant dans presque toutes les grandes villes ont été établies, sauf quelques modifications nécessitées par les coutumes nationales, sur le plan des Chambres de Compensation de Londres et de New-York.

En 1904, au moment même de la guerre contre la Russie, le total des effets de commerce liquidés dans les Clearing-houses a atteint un chiffre sans précédent : ce qui est bien la preuve de l'activité extraordinaire qui règne dans les affaires japonaises.

VI

LE COMMERCE JAPONAIS

Développement du Commerce extérieur.

Le commerce de l'étranger avec le Japon remonte à plus de trois cents ans. D'abord restreint, gêné qu'il était dans son développement et ses progrès par l'insuffisance des moyens de navigation et le peu de sécurité qu'offraient les autres moyens de communication dans leur rudimentaire et primitif établissement, ce commerce demeura stationnaire.

Aggravant encore sa situation précaire, l'édit de 1637 parut, par lequel le gouvernement Shôgunal prohibait le commerce extérieur en général. Quelques pays seulement eurent le privilège d'échapper à cette interdiction.

Peu étendu, le Commerce extérieur rapportait peu de bénéfices au Japon. C'est qu'il n'existait alors aucun régime douanier proprement dit. Les seules recettes fournies par le commerce étranger consistaient dans une partie de la perception des bénéfices qu'il procurait.

L'année 1858 vit signer des traités de commerce avec l'Angleterre, les Etats-Unis d'Amérique et trois autres puissances. Désormais, le commerce étranger était lancé. Quelques ports lui furent ouverts, cependant que les pays en cause donnaient leur agrément à l'établissement de tarifs douaniers ainsi qu'à l'importation et à l'exportation.

En 1886, ces tarifs conventionnels, ceux du moins conclus avec la Grande-Bretagne, les Etats-Unis et deux autres puissances furent revisés. Se ressentant déjà du régime de la liberté, le commerce étranger prenait de jour en jour plus d'importance en même temps qu'une plus grande extension. La guerre civile de 1867 n'arrêta pas son essor. La restauration impériale accomplie, les troubles qui en étaient résultés s'apaisèrent très vite et le peuple libéré des luttes politiques retourna sur le champ à ses propres affaires.

A cette époque, l'ouverture du Canal de Suez comme aussi la construction aux Etats-Unis d'un chemin de fer de l'Atlantique à la côte du Pacifique rapprochèrent du Japon l'Europe et l'Amérique et par là même ouvrirent au commerce étranger une nouvelle et importante phase d'activité.

Tandis qu'il progressait, par la facilité plus grande de la navigation, d'autres améliorations survinrent dans les autres moyens de communication qui donnèrent directement de nouvelles forces au commerce extérieur du Japon en même temps qu'ils stimulèrent indirectement son industrie, laquelle devait fournir, pour répondre aux besoins du trafic, une production de plus en plus abondante. Ce fut là une cause d'augmentation dans le chiffre des importations et des exportations. Durant 13 années, de 1869 à 1881, le chiffre des importations fut toujours, excepté en 1876, en excédent sur celui des Exportations. Le contraire se passa pendant les douze années suivantes, c'est-à-dire de 1882 à 1898. Alors, les exportations l'emportèrent toujours, sauf en 1890, sur les importations.

Pendant que se développait ainsi le commerce étranger, l'ordre absolu était restauré dans le pays, les services administratifs sérieusement organisés et un gouvernement Constitutionnel établi sur une base solide. Gouvernement et sujets faisaient converger tous leurs efforts vers une industrie toujours plus active de sorte que tout concourait à influencer de façon heureuse le commerce étranger.

Contrairement à ce que l'on redoutait, celui-ci ne fut ralenti ni gêné en rien par la guerre sino-japonaise de 1894-1895. Bien plus, lorsque la conclusion de la paix vint couronner les victoires japonaises, toutes sortes d'industries se fondèrent avec une extraordinaire énergie, occasionnant aussitôt, par le fait même, un très grand accroissement dans l'importation des machines et des matières premières de tout genre. Aussi, dès 1893, une seconde période commença, laquelle dure encore où les importations surpassèrent les exportations.

En 1897, le Gouvernement japonais opérait une réforme monétaire qui consistait dans l'adoption du système monométallisme d'or. Grâce à cette réforme, le commerce du Japon se trouva entièrement à l'abri des pertes qu'il avait subies jusqu'alors, en raison des continuelles fluctuations du rapport de l'argent et de l'or. Pour la même cause, le trafic du Japon avec les pays à système or qui, précisément, figurent pour la plus grande part, dans le chiffre total de son commerce extérieur s'établit plus solidement et prit un développement remarquable.

Le commerce extérieur du Japon a doublé, d'abord de dix en dix, puis de sept en sept ans, de 1868 à 1888 ; de 1888 à 1902. Si la même proportion se maintient dans les années qui vont suivre le chiffre atteint en 1909 représentera : un milliard soixante millions de yen, soit deux milliards sept cent trente-sept millions neuf cent quatre-vingt mille francs. Et comme l'achèvement du canal de Panama ou de Nicaragua va venir encore stimuler le commerce japonais avec l'Amérique du Nord, tandis qu'il va lui ouvrir, dans l'Amérique du Sud, et particulièrement au Brésil et dans la République Argentine un nouveau champ d'action, comme, d'autre part, on peut penser sans témérité que l'achèvement de ce canal pourra ouvrir des débouchés aux produits japonais sur les côtes de l'Afrique Occidentale, comme enfin plusieurs chemins de fer sont en voie de construction dans l'intérieur de la Chine qui permettront l'exploitation de ses inépuisables richesses on peut prédire, sans être prophète, que le commerce japonais, par toutes ces relations commerciales nouvelles, mais surtout par celles qu'il va vigoureusement établir avec la Chine en exploitant les ressources naturelles de ce pays à l'aide des avantages que lui procure son voisinage immédiat, on peut, dis-je. prédire que l'activité commerciale du Japon va se développer dans une magnifique expansion.

Si l'on divise les exportations des cinq dernières années en 3 classes, comprenant: les articles manufacturés, tels que les étoffes de soie et de coton, les allumettes chimiques, les nattes de parquet à dessins, les porcelaines et faïences, les objets laqués et les parapluies européens : les articles manufacturés en partie. tels que les soies grèges, les filés de coton, le thé, le camphre, les tresses de paille et autres objets similaires ; les matières premières, telles que les produits agricoles, forestiers et marins, on verra, par la comparaison de chaque total de ces trois classes que de 28 o/o en 1900, l'exportation des articles manufacturés en partie a passé à 33 o/o en 1904, et que, pour les mêmes années. celle des articles manufacturés en partie a passé de 48 o/o à 53 o/o ; on constatera, au contraire, que de 24 o/o l'exportation des matières premières a baissé à 16 o/o. Cette augmentation. dans les exportations des articles manufacturés et manufacturés en partie et cette diminution du chiffre des exportations premières sont le résultat évident du développement de notre industrie.

De même on peut grouper en trois classes les importations des cinq dernières années.

La première classe comprendra les matières premières, telles que le coton, les filés de coton, le lin, le chanvre, la jute, la laine, les substances tinctoriales, le cuir, les peaux de vache, bœuf ou buffle, le papier, les machines et instruments servant à l'industrie, les navires et véhicules employés pour les communications.

Dans la seconde classe, on trouvera les articles manufacturés tels que les étoffes et le sucre, et tous les articles dont la demande ira en augmentant au fur et à mesure que renchérira le prix de la vie.

Enfin, la troisième classe renfermera les céréales, l'huile et tous les articles non compris dans les 1re et 2e classes.

Quiconque observera la tendance marquée par les importations au cours des cinq dernières années pourra remarquer que les articles de la 1re classe ont diminué de 55 o/o en 1900 et 48 o/o en 1904, et ceux de la 2e classe de 27 o/o à 16 o/o, tandis que, pour la même période, ceux de la 3e classe ont augmenté de 18 à 36 o/o. La diminution des importations de la première classe tient à l'augmentation de notre production des matières premières et des articles manufacturés en partie, tels que les filés de coton et les métaux. Par contre, l'accroissement des articles de la 3e classe a pour cause l'augmentation considérable de l'importation des engrais et des produits agricoles, importation rendue nécessaire par une série de mauvaises récoltes, tandis que la diminution des articles de la 2e classe vient de ce que les manufactures de tissage de laine et de coton, les raffineries de sucre et autres usines qui se sont fondées au Japon ont atteint de très beaux résultats.

Le résumé de toute la question est que l'exportation des matières premières décroît et que celle des articles manufacturés augmente d'année en année, les importations semblent accuser une tendance contraire.

En ce qui concerne les recettes provenant des droits de douane, elles ont rapidement augmenté depuis la mise en vigueur du tarif revisé en 1899. De huit millions six cent mille yen soit vingt-deux millions vingt-et-un mille neuf cent vingt-cinq francs qui était leur chiffre en 1899, elles sont montées en 1904 à quatorze millions six cent mille yen, trente-sept millions huit cent mille francs et malgré l'abolition, en juillet 1899, des droits à l'exportation, elles augmentent annuellement, suivant en cela la marche du commerce extérieur.

COMMERCE AVEC L'ASIE, L'EUROPE ET L'AMÉRIQUE

En comparant les chiffres du commerce japonais avec l'Asie, l'Europe et l'Amérique, en 1873 et 1904, on s'aperçoit que les exportations pour l'Asie ont augmenté vingt-huit fois, vingt-cinq fois pour l'Amérique et seulement six fois et demie pour l'Europe, tandis que les importations venant d'Asie ont augmenté dix-neuf fois, celles venant d'Amérique cinquante-huit fois et celles d'Eur pe un peu plus de sept fois.

Ainsi donc, pour le moment, les deux cinquièmes du total des exportations vont en Asie, un quart en Europe et un tiers en Amérique ; tandis que sur le total des importations la moitié provient de l'Asie, un tiers d'Europe et un sixième d'Amérique. De ces données, il ressort clairement que le commerce japoi a s se développe avec l'Asie et l'Amérique beaucoup plus qu'avec l'Europe. L'explication de ce phénomène se trouve en ceci que le commerce de l'Europe avec le Japon a atteint, dès les premiers jours de l'ouverture du Japon, un degré de développement relativement élevé alors que le commerce japonais en Orient ne s'est affirmé que tout récemment sous l'influence du redoublement soudain des demandes d'articles japonais en Chine, en Corée et dans les Indes-Anglaises, par suite aussi de la mise en exploitation des richesses naturelles de ces pays, de l'entrée en mouvement des capitaux qui jusqu'alors y dormaient sans emploi et des travaux divers qui y ont été entrepris.

Quant à l'extension, toujours de plus en plus grande, du commerce japonais avec l'Amérique du Nord, c'est-à-dire avec les Etats-Unis et le Canada, elle provient de l'accroissement de la population dans ces deux pays, de l'amélioration de leurs moyens de communication, du développement de leur industrie et de leur richesse nationale.

On peut avoir la ferme confiance que l'Amérique du Sud, le jour où ses ressources naturelles seront en pleine exploitation, ne tardera pas à entretenir avec le Japon un commerce très prospère.

Passant à la situation du commerce japonais avec les différents pays du monde, nous remarquons qu'avec la Chine il a fait depuis la guerre sino-japonaise 1894-95, de considérables progrès tant en importation, qu'avec la Corée et les Indes-Anglaises le progrès est constant dans les deux branches· Et le commerce avec ces trois contrées, par cela qu'il consiste surtout dans l'importation de matières premières et dans l'exportation de produits manufacturés, est appelé à devenir de plus en plus florissant.

En ce qui concerne la France, le commerce d'exportation est beaucoup plus actif que celui d'importation. La raison en est que la France demande au Japon en grande quantité ses deux principales productions : les soies grèges et les pongées (habutaye).

Le contraire a eu lieu pour l'Angleterre et l'Allemagne, la première fournissant en grande quantité du fer et des machines, la seconde divers petits articles.

Dans le commerce du Japon avec l'Italie, c'est l'exportation qui augmente, avec la Belgique, c'est l'importation qui l'emporte, grâce à ses nombreux articles de vitres de glace et de fer.

Le commerce extérieur du Japon n'est en progrès tout à la fois sur l'importation et l'exportation que dans les Etats Unis d'Amérique. Quant au Canada, il prend plus de marchandises au Japon que celui-ci ne lui en prend.

A l'Australie qui lui envoie ses produits agricoles, le le Japon fait parvenir ses produits manufacturés de telle sorte que l'importation égale à peu près l'exportation.

*
* *

SITUATION DU COMMERCE JAPONAIS EN 1904

Au commencement de 1904, alors que les difficultés entre le Japon et la Russie s'accentuaient chaque jour davantage, le taux du fret et des primes d'assurances maritimes avait du être surélevé une première fois. Lorsque s'ouvrirent les hostilités, au mois de février et suivant, la réquisition d'un grand nombre de navires de notre flotte commerciale, et l'emploi presque exclusif des chemins de fer par le Gouvernement pour le transport des troupes et des munitions amenèrent une seconde augmentation. Le taux des prix de transport de fret et des primes d'assurances atteignit alors le taux de guerre.

Ces différentes mesures n'allaient elles pas entraver sérieusement le commerce du Japon? Ce fut une crainte universelle. Un moment, l'anxiété devint très vive. Mais bientôt le Gouvernement, préoccupé de parer à cette situation alarmante et d'en conjurer les graves conséquences, prend les mesures nécessaires. Il loue ou achète des bateaux étrangers, supplée ainsi à l'insuffisance de ses moyens de transports, facilite le plus possible le transport des marchandises par terre et stimule, pour combattre la stagnation du marché, l'activité du commerce étranger.

Le commerce du Japon avec la Russie avait toujours été peu important. Le théâtre de la guerre s'étant limité à la Mandchourie, les victoires continues du Japon lui firent bien vite recouvrer sa suprématie commerciale en Corée, tandis qu'il acquerrait définitivement le royaume de la mer. Le trafic japonais avec la Chine et la Corée avait donc à peine eu le temps de laisser apercevoir combien sa situation se faisait critique que déjà les victoires de Mandchourie le montraient prospère et animé.

On peut affirmer que, malgré la grande guerre dans laquelle le pays s'est trouvé engagé, le commerce extérieur du Japon a obtenu des résultats sans précédent. Ainsi, pour les marchandises ordinaires, il a atteint, au cours de l'année dernière le total de six cent quatre-vingt-dix millions de yens, soit un milliard sept cent quatre-vingt-deux millions deux cent soixante-dix mille francs accusant un excédent de quatre-vingt quatre millions de yens environ, soit deux cent seize millions neuf cent soixante-douze mille francs sur le total de 1903 avec vingt-neuf millions sept cent cinquante mille francs d'exportations, soit soixante-seize millions huit cent quarante-quatre mille francs d'exportations en plus, ce qui représente une augmentation de presque 10 o/o, et cinquante quatre millions cent cinquante mille yens, soit cent trente-neuf millions huit cent soixante-neuf mille quatre cent cinquante francs d'importation en plus, ce qui représente une augmentation de 17 o/o environ, celles-ci dépassant celle-là de 52.000.000 yens ou 134.316.000 francs.

Dans les exportations, ce sont les articles manufacturés qui ont le plus augmenté ; en effet, les soies grèges et les pongées représentent, à eux seuls, le chiffre de 131.000.000 de yen, 338.373.000 fr., soit un accroissement de plus de 22.000.000 de yen ou 36.820.000 francs par rapport à l'année précédente.

En résumé, le commerce japonais, en ce qui concerne l'exportation, est en progrès avec l'Amérique et l'Extrême-Orient, tandis qu'avec l'Europe, il se maintient dans une situation stationnaire. Bien des indices cependant font prévoir un prochain mouvement considérable d'affaires entre le vieux monde et le Japon. Pour ce qui est des importations, celles des céréales accusent une augmentation considérable nécessitée par les mauvaises récoltes de 1903 et 1904 ; celles du pétrole et du sucre ont été introduites dans le pays en prévision de l'application sur ces articles de la taxe de consommation. D'autre part un nombre de navires, beaucoup plus considérable qu'à l'ordinaire a été acheté, en vue surtout de remplacer les navires réquisitionnés par le Gouvernement. Enfin, comme conséquence du développement de son industrie manufacturière, le Japon a dû faire venir de l'étranger de grandes provisions de coton brut, de laine, de chanvre, de lin, de cuirs et peaux de vaches, bœufs et buffles, de métaux et de combustibles.

Ainsi s'explique la grande augmentation du commerce d'importation japonais.

VALEUR TOTALE DE L'EXPORTATION ET DE L'IMPORTATION DES MARCHANDISES ET DES MÉTAUX PRÉCIEUX MONNAYÉS ET EN LINGOTS

Années	Marchandises				Or et argent			
	Exportées	Importées	Excédent de l'exportation	Excédent de l'importation	Exportés	Importés	Excédent de l'exportation	Excédent de l'importation
	Yen	Yen	Yen	Yen	Yen	Yen	Yen	Yen
1894	113.246.086	117.481.955		4.235.869	34.379.111	26.783.653	7.595.458	
1895	136.112.178	129.260.578	6.854.600		27.304.699	5.874.164	21.427.534	
1896	117.842.761	171.674.474		53.831.744	11.598.884	39.142.208		27.543.325
1897	163.435.077	219.300.772		56.465.694	19.219.463	81.466.743		62.247.550
1898	165.753.753	277.502.157		111.748.404	86.987.481	42.563.781	44.423.700	
1899	214.929.894	220.401.926		5.472.032	11.178.247	20.163.504		8.985.254
1900	204.429.994	287.261.846		82.831.852	56.707.063	11.517.835	45.189.228	
1901	252.349.543	255.816.645		3.467.402	14.049.699	10.960.750	3.088.349	
1902	258.303.065	274.731.259		13.428.194	2.028.982	32.461.358		30.432.376
1903	289.502.443	317.435.518		27.633.075	49.001.199	27.807.469		8.806.270
1904	319.260.896	371.360.739		52.099.843	407.795.858	33.946.656	73.849.203	

VII

LES RICHESSES MINIÈRES

Jusqu'en 1868, les Mines japonaises, tant en ce qui concerne l'extraction du minerai qu'en ce qui a rapport à la métallurgie, avaient été exploitées suivant de vieilles méthodes routinières où la connaissance scientifique ne tenait que fort peu de place. L'installation des mines elles-mêmes était d'ailleurs très modeste, si modeste qu'elle en devenait fort incomplète. La production répondait et à l'installation et à la mise en œuvre. C'est dire qu'elle était ce qu'il y a de plus médiocre. La révolution de 1868, en bouleversant l'ordre établi, imprima à la civilisation japonaise un mouvement en avant qui eut sa répercussion jusque sur les mines elles-mêmes.

Le nouveau gouvernement, en effet, en même temps qu'il opérait par ailleurs de sérieuses réformes, s'occupa d'améliorer et de développer l'industrie des mines. Et, pour être plus sûr d'y réussir, il les prit à son compte. De cette manière, il était certain que l'exploitation se ferait selon sa volonté. L'importance qu'il attachait aux travaux des mines fut cause qu'il fit venir d'Europe des ingénieurs qui appliquèrent en Orient les méthodes minières occidentales et perfectionnèrent ainsi les vieux procédés japonais.

Plus tard, ces mines d'État passèrent presque toutes entre les mains de particuliers qui possédant les capitaux nécessaires pour les exploiter avantageusement, en assurèrent le progrès et la prospérité. Ce fut alors que le Gouvernement, poursuivant toujours son œuvre de développement minier, promulga, en septembre 1890, la loi relative au régime minier, et, en mars 1893, celle concernant l'exploitation des sablonnières.

Le Japon possède maintenant une véritable législation minière. Tout le monde ne peut exploiter ses mines. Pour le pouvoir faire il faut une autorisation spéciale ou un permis de recherches du Ministre de l'Agriculture et du Commerce. Que si dans la même localité et pour l'exploitation de matières de même nature deux demandes de concession sont faites, la concession revient de droit à qui a fait la première demande. Le délai valable de recherches est fixé à un an, sauf dans les circonstances particulières où le renouvellement est accordé pour un autre délai qui n'ira pas au delà d'un an.

L'étendue d'une concession minière doit dépasser dix mille Tsecho pour la houille trois mille pour les autres substances minérales, sans cependant aller au delà de soixante mille Tsecho pour tout produit minier.

Quant à l'administration minière, le pays est divisé en six grandes circonscriptions, ayant chacune un bureau d'inspection des mines auquel les exploitants de mine sont tenus de soumettre le plan des procédés qu'ils doivent suivre dans leurs travaux.

Il faut, en effet, que ce plan soit approuvé par l'inspecteur au début de l'exploitation. Si la présentaton du projet n'est pas faite dans le délai fixé par la loi, le droit de concession se trouve annulé.

Il est d'autres cas où le droit de concession et l'approbation du projet des travaux par l'inspecteur sont frappés d'annulation. C'est ce qui arrive lorsque les travaux d'exploitation ou de recherches sont nuisibles à l'intérêt public, lorsque l'exploitation demeure suspendue plus d'une année ou n'est pas commencée dans le délai d'un an, une fois la concession accordée, quand la concession ou le permis de recherches a été obtenu par fraude ou accordé par erreur, quand l'étendue concédée ne se trouve pas dans la région où le principal gisement minéral a été découvert, quand, enfin, l'exploitant ne peut tirer profit du gisement qu'il voudrait mettre à jour.

Dans le cas où les travaux de l'exploitation minière portent préjudice à l'intérêt public ou présentent quelque danger, l'inspecteur des mines a le droit, soit de suspendre les travaux d'exploitation, soit d'ordonner les travaux et les installations nécessaires pour y remédier.

En revanche les exploitants peuvent, si bon leur semble, sonder le terrain appartenant à autrui sans le consentement du propriétaire, mais non toutefois sans l'approbation de l'inspecteur. Il n'est permis à personne de refuser la location de la surface de terrain que nécessiteraient les installations pour travaux miniers comme l'emplacement requis pour la construction d'ateliers métallurgiques et autres, pour la construction de chemins de circulation et de roulage ou de voies ferrées.

Les voies publiques, chemins de fer et routes carrossables, ainsi que les jardins publics digues et terrains bâtis sont cependant en dehors de cette loi qui peut sembler draconienne à certains points de vue.

Je ne crois pas superflu d'ajouter qu'avant l'année 1900, le droit d'exploitation minière avait été réservé par la loi, exclusivement aux Japonais. Ceux-ci pouvaient user de ce droit soit comme exploitants individuels, soit comme membres d'une Société ou corporation.

D'après la loi refondue, toute Société constituée avec des Japonais ou suivant la loi japonaise, peut exploiter les mines. Ainsi, les étrangers même peuvent s'intéresser aux exploitations minières, en se faisant admettre comme membres de ces Sociétés.

Quant aux règlements sur les sablonnières, l'esprit en est le même que celui de la législation minière du Japon, au moins sur les points essentiels. Aussi semble-t-il, à tout le moins inutile d'en parler plus longuement.

VIII

L'INDUSTRIE

C'est encore de la restauration de 1868 que datent tous les progrès de l'industrie au Japon.

Jusqu'alors l'industrie n'avait été que familiale, purement indigène ; ce n'est qu'à cette époque qu'il lui fut substitué le système de fabrication au moyen d'usine et de machines de tout genre.

Le gouvernement encouragea l'emploi de la machinerie dans les manufactures et construisit des ateliers et usines modèles.

La population répondit merveilleusement à cette initiative gouvernementale. Aussi la quantité de produits manufacturés, qui était autrefois très restreinte, s'est accrue dans de telles proportions qu'aujourd'hui, non-seulement ils assurent tous les besoins de la consommation intérieure, mais encore qu'ils sont exportés sur de nombreux marchés étrangers.

Ici l'on peut dire que l'essor prodigieux qu'a prise l'Industrie japonaise est due à l'intelligente protection du gouvernement impérial qui n'a reculé devant aucun sacrifice matériel pour en assurer le développement.

Bureaux d'expériences industrielles, Ecoles techniques, Expositions, Offices d'inspection, etc., etc... il y a ainsi au Japon un organisme admirable pour diriger et seconder les entreprises privées. Il relève du Ministère de l'Agriculture et du Commerce.

Citons parmi les mesures les plus originales et les plus heureuses qui ont été prises à ce sujet par le Gouvernement japonais, la " loi sur l'hypothèque des manufactures " qui date de mars 1905

D'après cette loi le propriétaire d'usines peut former une masse manufacturière destinée à servir de gage à l'hypothèque et former de toute ou partie des éléments suivants : le sol, les ouvrages qui y sont établis, toute la machinerie, la propriété industrielle.

Cette masse " manufacturière " est considérée par la loi comme propriété immobilière et ne peut être l'objet d'autres droits réels que ceux de propriété et d'hypothèque.

PROTECTION A LA PROPRIÉTÉ INDUSTRIELLE

La propriété industrielle est parfaitement défendue au Japon, qui est lui-même entré dans l'union internationale, fondée à ce sujet

Mais il y a lieu de noter une disposition japonaise, tout particulièrement originale et heureuse.

C'est la protection accordée, par le gouvernement, non pas seulement à la réalisation de l'invention elle-même, mais encore à l'idée qui peut la faire naître.

La " loi sur les inventions pratiques en cours de réalisation " permet à celui qui a une idée d'invention, ou à son héritier de demander l'enregistrement de cette Idée. C'est-à-dire de cette invention conçue, mais non encore réalisée.

Le délai de validité d'un brevet d'Invention est de quinze ans, et de trois ans pour les inventions simplement conçues.

Les demandes sont, au préalable, soumises à un examinateur du bureau des brevets. Une procédure d'appel est organisée en cas de refus de la part de cet examinateur. La décision en dernier ressort appartient à la cour suprême.

IX

TRANSPORTS ET VOIES DE COMMUNICATIONS

Les voies de communications et les moyens de transports, sont les instruments nécessaires de tout progrès industriel et commercial.

Aussi le Japon moderne est-il, en ce qui les concerne, supérieurement outillé.

Ce fut en Novembre 1869 que le Gouvernement décida les premiers travaux de chemins de fer sous la direction du ministère des affaires civiles et des finances. Un peu plus tard un département spécial des chemins de fer fut créé.

En 1872 furent édictées les premières mesures législatives qui règlent la question.

Jusqu'en 1883, la construction des chemins de fer était considérée comme une entreprise purement gouvernementale et c'est ainsi que fut établi le premier réseau.

A partir de 1883, des Sociétés commencèrent à en construire avec des capitaux provenant de souscriptions publiques. Cette exploitation prit alors progressivement de l'importance. En 1887, fut promulguée une loi relative à la concession des chemins de fer : elle ouvrait le champ à deux sortes d'exploitations, l'une d'Etat et l'autre de Sociétés concessionnaires, qui devaient également réussir, bien qu'aujourd'hui les lignes exploitées par ces dernières soient de beaucoup les plus importantes. La loi sur les chemins de fer privés et la loi sur l'exploitation des chemins de fer forme la législation complète à ce sujet.

Il était originairement défendu aux Compagnies d'hypothéquer leurs lignes. Ce fut là une grande source de difficultés pour les sociétés désireuses d'augmenter leur capital.

Pour remédier à cette difficulté, le gouvernement japonais fit promulguer en mars 1905 une loi d'après laquelle une Compagnie peut soumettre à une hypothèque une masse dite « masse des chemins de fer » formée de toutes ou parties de ces lignes, du sol occupé par leur exploitation, des bâtiments, instruments et accessoires affectés au service de la voie et de tout le matériel roulant avec ses accessoires. Néanmoins, le montant total des emprunts que peut faire une Compagnie ne doit pas dépasser, en y comprenant celui des obligations déjà émises par elle auparavant le chiffre total du capital versé, excepté dans le cas où les emprunts doivent servir à rembourser d'anciennes dettes ou obligations.

Les chemins de fer ont pris un développement considérable dans

CHEMINS

Années fiscales	Longueur totale exploitée			Nombre des gares			Matériel roulant					
							Locomotives			Wagons à voyag.		
	Etat	Compagnies	Total	Etat	Compagn.	Total	Etat	Compagn.	Total	Etat	Compagn.	Total
	M.C.	M.C.	M.C.									
1872	18.00	—	18.00	6	—	6	10	—	10	58	—	58
1873	18.00	—	18.00	6	—	6	10	—	10	58	—	58
1874	38.27	—	38.27	12	—	12	22	—	22	144	—	144
1875-76	38.27	—	38.27	13	—	13	32	—	32	146	—	146
1876-77	65.11	—	65.11	13	—	13	34	—	34	156	—	156
1877-78	65.11	—	65.11	19	—	19	38	—	38	160	—	160
1878-79	65.11	—	65.11	19	—	19	38	—	38	166	—	166
1879-80	73.22	—	73 22	23	—	23	38	—	38	173	—	173
1880-81	98.25	—	98.25	25	—	25	36	—	36	178	—	178
1881-82	122.26	—	122 26	38	—	38	45	—	45	203	—	203
1882-83	170.66	—	170.66	40	—	40	47	—	47	240	—	240
1883-84	181.54	63.00	244.54	43	10	53	48	7	55	299	47	346
1884-85	181.54	80.83	262.37	42	20	62	46	12	58	303	70	373
1885-86	223.65	.134.56	358.41	51	28	79	50	16	66	313	77	390
1886-87	264.67	165 77	430.64	57	35	92	47	25	72	216	119	335
1887-88	300.43	293.24	593.67	64	50	114	53	30	83	313	138	451
1888-89	505.61	406.38	912.49	97	77	174	73	55	128	431	238	669
1889-90	550.49	585.65	1.136.34	113	112	225	95	82	177	520	367	887
1890-91	550.49	848.45	1.399.14	115	175	290	114	140	254	642	605	1.247
1891-92	550.49	1.165.42	1.716.11	117	230	347	124	169	293	617	685	1.302
1892-93	550.49	1.320.28	1.870.77	117	248	365	133	185	318	630	739	1.369
1893-94	550 49	1.384.03	1.938.52	117	277	394	142	211	353	647	804	1.453
1894-95	580.69	1.537.35	2.118.24	122	345	467	167	273	440	678	968	1.646
1895-96	593.22	1.697.21	2.190.43	127	401	528	171	351	522	705	1.238	1.943
1896-97	634.62	1.875.29	2.507.11	134	449	583	183	429	612	796	1 475	2.271
1897-98	661.65	2.287.05	2.948.70	139	607	746	258	636	894	871	2.029	2.900
1898-99	768.37	2.652.13	3.420.50	160	742	902	317	786	1.103	986	2.837	3.823
1899-00	832.72	2 806.00	3.638.72	176	814	990	343	871	1.214	1.022	3.129	4.151
1900-01	949.69	2.905.16	3.855.05	198	861	1.059	387	892	1.279	1.085	3.331	4.416
1901-02	1.059.18	2.966.48	4.026.16	249	894	1.143	407	943	1.350	1.422	3.407	4.529
1902-03	1.226.56	3.010.60	4.237.36	256	927	1.183	453	974	1.427	1 327	3.537	4.864
1903-04	1.344.70	3.150.57	4.495.47	284	967	1.251	513	1.031	1.544	1.473	3.628	5.101

NOTE. — Les sommes précédées du signe · à la colonne "Frais de construction" repré
relatifs à la construction des chemins de fer de l'Etat, ils ne sont qu'approximatifs.

tout le pays ainsi que le prouve le tableau ci-dessous.

DE FER

Matériel roulant — Wagons à marchandises			Frais de construction			Capitaux des compagnies de chemin de fer		
Etat	Compagn	Total	Etat	Compagnies	Total	Capitaux autorisés	Capitaux versés	Fonds de réserve
			Yen	Yen	Yen	Yen	Yen	Yen
75	—	75	.....	—	—	—	—	—
75	—	75	.....	—	—	—	—	—
157	—	157	.....	-	—	—	—	—
203	—	203	.....	—	—	—	—	—
255	—	255	.....	—	—	—	—	—
320	—	320	.....	—	—	—	—	—
363	—	363	.....	—	—	—	—	—
413	—	413	.....	—	—	—	—	—
445	—	445	.....	—	—	—	—	—
527	—	527	.....	—	—	—	—	—
503	—	503	....	—	—	—	—	—
626	101	727	.....	905.510	905.510	5.965.700	3.821.872	—
694	110	804	.....	2.061.724	2.061.724	11.829.500	5.462.648	—
713	209	922	14.887.085	3.106.253	17.993.338	11.829.500	6.648.152	—
762	241	1.003	17.279.951	5.493.323	22.773.274	12.079.500	8.274.048	2.400
887	364	1.251	22.447.622	6.702.924	29.150.546	12.729.500	9.072.256	129.394
1.096	639	1.732	29.797.433	11.833.565	41.620.998	31.870.000	14.996.579	230.772
1.430	1.132	2.562	31.618.348	20.365.740	51.984.088	45.390.000	27.943.091	367.045
1.466	1.921	3.387	32.760.844	33.815.795	66.576.636	52.390.000	38.492.870	510.967
1.685	2.445	4.130	34.241.504	44.061.623	78.303.127	52.960.000	43.441.164	549.450
1.753	2.819	4.572	35.448.997	47.508.303	82.927.300	56.235.000	46.737.463	774.860
1.851	3.465	5.316	36.103.252	52.049.889	88.153.144	63.145.000	48.869.545	517.975
2.112	4.301	6.413	37.650.657 ·2.740.797	57.860.939 ·2.933.473	95.511.596 ·5.673.970	80.290.200	59.476.637	1.322.085
2.235	5.456	7.391	39.279.435 ·4.423.611	68.666.442 ·2.557.064	107.945.847 ·6.980.672	99.228.000	71.626.301	1.161.682
2.328	6.582	8.940	43.653.043 ·5.413.080	77.430.334 ·9.876.733	120.783.374 ·15.289.843	120.015.000	89.010.597	1.587.045
2.930	8.541	11.471	46.317.417 ·15.548.957	114.063.445 ·8.765.074	160.330.532 ·24.314.031	175.396.000	122.542.091	2.169.267
3.295	10.827	14.122	60.050.614 ·15.872.497	152.343.140 ·7.616.662	212.394.754 ·23.489.159	213.886.150	153.924.703	2.681.711
3.729	12.822	16.551	69.979.049 ·18.474.448	173.444.234 ·5.000.717	243.433.280 ·23.175.165	227.799.300	169.999.444	3.374.353
4.291	14.046	18.337	85.573.511 ·21.683.789	191.230.391 ·6.283.139	276.803.902 ·27.966.928	238.042.550	181.267.472	3.635.854
5.112	14.708	19.820	100.590.209 ·22.334.382	202.805.045 ·4.598.747	303.394.254 ·26.933.429	242.585.000	192.811.305	4.401.343
5.644	15.861	21.505	125.714.859 ·16.230.201	213.334.933 ·3.547.955	338.946.792 ·19.748.456	251.675.000	202.603.626	6.455.920
6.332	16.449	22.784	139.366.330 ·19.259.944	226.611.643 ·5.893.461	365.977.973 ·25.153.402	256.575.000	208.285.567	6.038.419

sentent des sommes déboursées pour des lignes en construction ; quant aux chiffres

Ce tableau montre éloquement quel est le succès des opérations relatives aux chemins de fer, et il faut ajouter que le trafic est encore supérieur aux moyens de transport qui lui sont offerts, de telle façon qu'on peut dire qu'il y a au Japon aujourd'hui un grand avenir pour toutes les industries qui se rattachent aux voies de communications.

En 1882-83 le réseau des compagnies privées réalisaient un bénéfice net de 3.936 yens par chaque mille des lignes ouvertes au trafic.

En 1903-04 ce bénéfice s'élevait à 6.210 yens pour chaque même mille, c'est-à-dire qu'en vingt années, les bénéfices passaient du simple au double.

Tramways.

Il y a au Japon un certain nombre de tramways électriques qui desservent l'intérieur des villes. Cependant, la plupart des compagnies qui les exploitent sont encore dans une période de début. Il y a là un débouché extrêmement important pour l'industrie électrique et des plus rémunérateurs pour les capitaux qui s'y engagent.

On en a la preuve dans la Compagnie des Tramways de Tokio qui paie un dividende supérieur à 10 o/o.

LA NAVIGATION

Les moyens de transports sur mer ont suivi le même essor.

Dès que le Gouvernement japonais voulu donner à son commerce international le développement, qui était conforme au rôle que le pays était appelé à jouer dans le monde, il dut se préoccuper d'assurer à la navigation un outillage perfectionné et les moyens nécessaires de sa prospérité.

Aussi en 1869, puis en 1870 après la promulgation d'une loi relative à la marine marchande, le Gouvernement fit-il connaître au public que, non seulement on était libre de posséder autant de navires construits à l'européenne qu'on le voulait, mais encore que tout armateur bénéficierait d'une protection officielle. Il en résultat qu'en 1872 une Compagnie de navigation japonaise fut fondée sous le nom de " Nippon Koku Jôkisen Kwaïsha " (Compagnie de navigation à vapeur japonaise); mais celle-ci s'étant dissoute en 1876, la " Mitsubishi Kisen Kawïsha " (Compagnie de navigation à vapeur de Mitsubshi) se substitua aussitôt à elle. Puis en 1882 et 1884 furent créées, avec l'appui du Gouvernement la " Kyôdô Unyu Kwaïsha " Compagnie de Transports réunis) et l'" Osaka Shosen Kwaïsa " (Compagnie de Navigation commerciale d'Osoka). Mais au mois de septembre 1885 le Gouvernement intervint pour amener les deux Compagnies rivales " Mitsubischi " et " Kyôdô Unyu " à fusionner, en mettant en commun leurs biens sociaux et en reconstituant une nouvelle et unique Société à laquelle il continuerait à donner son appui particulier. De cette combinaison sortit la " Nippon Yusen Kwaïsha " (Compagnie des Paquebots-porte japonais), aujourd'hui la plus grande compagnie de navigation japonaise.

Plus tard, au mois de Mars 1896, fut promulguée la Loi d'encouragement à la Navigation aux termes de laquelle tout sujet de l'Empire, ou toute société commerciale dont les actionnaires sont exclusivement japonais, propriétaire de navires d'un tonnage supérieur à 1,000 tonnes, immatriculés au Japon et employés au transport de marchandises et de voyageurs entre le Japon et les pays d'outre-mer ou bien entre les divers ports étranger recevrait une subvention proportionnée au tonnage de ses navires et aux distances parcourues.

Presque au même moment ou la Diète Impériale donnait son assentiment aux mesures précitées, la Nippon Yusen Kwaïsha, sur des ordres spéciaux du Gouvernement, ouvrait des services réguliers non-seulement sur Bombay. l'Australie et les ports de la mer du Japon, mais encore sur l'Europe et l'Amérique, tandis qu'une nouvelle Compagnie, la " Tôyô Kisen Kwaïsha " (Compagnie orientale de Navigation à vapeur), créait également une autre ligne sur les États-Unis. De sorte que l'on pouvait voir le pavillon japonais flotter sur les quatre grandes routes d'Europe, d'Amérique, d'Australie et Bombay. Sur ces entrefaites, le Gouvernement reconnu l'importance qu'aurait l'établissement d'un service régulier entre Shanghaï, Hongkow et Ichang et il en chargea l'" Osaka Shôsen Kwaïsha ". De plus, comme Soochow et Hankgow, qui avaient été ouverts au commerce par le traité de Shimonoseki en 1895, offraient une grande importance pour le trafic japonais, la " Daïto Kisen Kwaïsha " reçut l'ordre du Gouvernement de se faire desservir ces ports intérieurs par ses bâtiments, tandis que ceux de l'" Osaka Shôsen Kwaïsha " étaient chargés d'assurer les communications entre le Japon proprement dit et Hong-Kong, via Formose, Amoy Swatow. On compte aussi deux lignes sur la Chine du Nord, aboutissant, avec escales dans les ports, l'une à Newchang, l'autre à Tientsin : sur chacune d'elles un bateau par mois assurait le service ; mais on s'aperçut bien vite que la prospérité toujours grandissante du commerce avec la Chine et la Corée réclamait davantage et on établit, en 1899, un service hebdomadaire sur la Chine du Nord avec escales dans les port coréens et un service bi-mensuel sur la Corée.

Les lignes précitées sont toutes subventionnées par le Gouvernement ; mais il faut noter qu'elles sont également parcourues par des navires appartenant à des particuliers, dont le nombre va sans cesse en augmentant.

Depuis 1893, le nombre des navires de la flotte commerciale s'est accrue d'une façon continue, et à la fin de 1903, elle accusait un total de 977,000 tonnes, avec 657,000 tonnes en navires à vapeurs, soit quatre fois plus qu'en 1894 au moment de la guerre sino japonaise et 320,000 tonnes en bateaux voiliers. Néanmoins la guerre avec la Russie a encore nécessité une augmentation de navires marchands et il en est résulté que des bateaux étrangers ont été achetés, affrétés et spécialement autorisés à assurer le commerce côtier. Au cours de 1904, les pertes subies à l'occasion du blocus de Port-Arthur et pour d'autres causes ont porté sur 71,000 tonnes. Mais, d'un autre côté, le Japon s'est procuré 204,000 tonnes, soit 27,000 tonnes de vapeurs construits par lui et 177,000 tonnes de vapeurs achetés à l'étranger. De sorte que l'augmentation nette a été de 133,000 tonnes et que de 637,000 tonnes à la fin de 1903 la flotte marchande a atteint en douze mois à 790,000 tonnes. C'est dans les mois d'Avril, de Mai et de Juin que le nombre des navires étrangers engagés l'année dernière dans le commerce côtier a été le plus élevé : ils représentaient alors 160,000 tonnes, et dans les mois subséquents, jusqu'à la fin de l'année, ils se sont maintenus au chiffre de 110,000 tonnes environ.

En ce qui concerne l'industrie des constructions navales, on constate qu'elle a fait des progrès constants et rapides sous l'influence de la " Loi de l'Encouragement aux Constructions navales " et des règlements y afférents, qui ont été mis en vigueur en 1896. Avant l'application de cette loi, les navires dont le tonnage était supérieur à mille tonnes étaient généralement achetés à l'étranger. Mais, aujourd'hui des primes sont accordées à raison de chaque bateau de fer ou d'acier, d'un tonnage brut de 700 tonnes au moins, construit par tout sujet japonais ou toute compagnie de constructions navales dont les membres ou les actionnaires sont tous japonais. Le résultat de ces mesures d'encouragement a été si grand qu'à la fin de 1903 on comptait en tout 200 chantiers et 32 docks privés au Japon. Dans ces conditions, ceux-ci ont pu construire avec succès de petits bateaux de guerre et de grands navires marchands, de 6,000 tonnes et au-dessus, destinés à faire le service des grandes lignes étrangères, et même recevoir des commandes de l'extérieur. Quant aux docks, non seulement ils ont augmenté en nombre, mais encore ils sont construits en général sur une plus large échelle qu'auparavant.

Enfin, au regard des fournitures nationales de matériel de constructions navales, on espère beaucoup que les constructeurs pourront se procurer amplement et avant longtemps les matériaux nécessaires à la Fonderie d'Etat de Wakamatsu et s'affranchir ainsi de la nécessité dispendieuse de les faire venir de l'étranger. La guerre avec la Russie a aussi été un stimulant puissant pour le progrès de la construction navale au Japon et a entretenu l'activité des divers chantiers en leur procurant la construction et les réparations de bâtiments de guerre et de navires de commerce.

En résumé en 1894 le Japon possédait 745 vapeurs marchands.

En 1904 il en possédait 1766.

Encore est-il que dans ce chiffre ne sont pas comptés les bateaux d'un trop faible tonnage.

Ces chiffres indiquent éloquemment encore quel a été le progrès de la navigation marchande Japonaise.

COMMUNICATIONS POSTALES

TÉLÉGRAPHIQUES ET TÉLÉPHONIQUES

La vie économique d'un peuple moderne ne saurait se comprendre sans l'emploi de ces instruments nécessaires de la civilisation qui sont la poste, les télégraphes et les téléphones.

* *

POSTES. — C'est en 1871 que le nouveau régime postal a été adopté et que le transport des correspondances ou service de la poste est devenu une des attributions du Gouvernement; l'année suivante, ce service fut organisé sur tout le territoire de l'empire, en même temps qu'une convention était signée avec les Etats-Unis d'Amérique pour l'échange des malles. Depuis lors, l'extension du service postal a été poussée avec une grande activité et, en 1875, un service régulier de paquebots fut établi entre le Japon, Sang-Haï et les divers ports voisins. L'année 1876 a valu l'ouverture des bureaux de poste en Chine et en Corée, celle de 1877, l'entrée dans l'Union postale universelle. Les lignes postales furent reliées dans l'intérieur, presque complètement, en 1878. La loi relative au

service postal, revisée déjà en 1873, servit de base à une
nouvelle loi promulguée en 1882 au mois de Décembre. Les
principales modifications apportées par cette loi, furent, d'une
part, l'abolition des 3 tarifs, appliqués jusqu'alors pour le port
d'une lettre dans l'intérieur du Japon et différents suivant que
la lettre était à destination de la localité même d'où elle était
expédiée ou d'une circonscription postale voisine ou d'un autre
Département, et, d'autre part, la réduction de ces tarifs à un
tarif unique pour tout le pays. Depuis 1886, les services
postaux et télégraphiques ayant pu être fusionnés, l'adminis
tration a pris des mesures pour qu'ils fûssent réunis dans les
Bureaux communs ouverts au public. Enfin, le service des
colis-postaux fut inauguré en 1892.

TÉLÉGRAPHES. — La télégraphie installée dès 1869
n'avait pu donner, les premiers jours, de résultats appréciables.
Ce fut vers 1873-74 que les réseaux télégraphiques se sont
développés en rapport avec le chiffre toujours croissant des
correspondances à expédier, et bien que la loi et le règlement
eussent établi les bases du service télégraphique, la partie
technique n'était pas encore avancée ni l'organisation du
service complète ; aussi dut-on confier à l'agence de la compa
gnie des télégraphes du Nord le service des dépêches d'outre-
mer. L'inauguration du service télégraphique a été célébrée
en 1878, en même temps que le service des dépêches pour
l'étranger passait à nos bureaux ; mais ce fut seulement en
1879 qu'eut lieu notre entrée à l'Union télégraphique internationale. En 1885, la Loi des Télégraphes fut revisée, avec ce
résultat que dès l'année suivante, ce service devait être fusionné
avec celui de la poste, comme nous l'avons déjà indiqué plus
haut, pour le plus grand bien de son développement. Quand
le monde économique revint à son état normal et que le progrès
se manifesta partout dans la société, les réseaux de lignes
télégraphiques eurent besoin d'être développés en conséquence ;
c'est ce que l'administration s'est efforcée de faire, et elle y a
réussi.

TÉLÉPHONES.—La téléphonie avait occasionné au début
une discussion assez vive sur la question de savoir si ce mode
devait être exploité par l'État ou par les particuliers, question
qui, après avoir été longtemps irrésolue, fut à la fin arrêtée en
faveur de l'État. Les dispositions ayant été prises en consé
quence de cette décision, le Ministre des Communications
décréta au mois d'Avril 1890 le Règlement du service télépho-
nique qui a été suivi, au mois de Décembre, par l'installation
des premiers bureaux de communication, à Tokio et à

Yokohama ; les deux villes d'Osaka et de Kôbe eurent leurs bureaux en 1893. Aujourd'hui les villes qui sont dotées de bureaux téléphoniques sont au nombre de vingt-sept et depuis 1900 on est arrivé à établir la correspondance sur des distances de 350 milles, comme entre Osaka et Tôkio.

X

NOTES SUR L'AGRICULTURE

L'histoire de l'agriculture au Japon est en quelque sorte l'histoire du pays lui-même.

Tous les souverains qui se sont succédés au pouvoir se sont dévoués à l'encouragement de cette branche capitale de la prospérité nationale ; car en dépit des crises qu'elle a pu traverser l'agriculture reste une des bases essentielles de la fortune et de la puissance japonaise.

L'introduction des machines et des procédés européens ont été là encore une des causes qui ont le plus contribué au succès des diverses cultures.

Au Japon il n'y a guère que de la culture proprement dite, l'élevage qui tient en Europe et Amérique une si grande place n'y existe pour ainsi dire pas.

Jadis en effet le peuple Japonais ne vivait que sur les céréales et les légumes, sa religion lui interdisant l'usage de la viande.

Il n'y a donc presque pas de prairies.

Enfin la grande culture est également très rare ; le pays étant à ce point de vue extrêmement morcellé. Les petites exploitations sont très nombreuses au contraire ; mais aussi faut-il considérer que les fermiers font deux et même trois récoltes dans le même champ et dans la même année de telle sorte qu'un hectare de terre au Japon équivaut pour le rendement à deux ou trois hectares dans presque toutes les autres parties du monde.

Suivant les dernières statistiques il y aurait 1.470.000 fermiers indépendants vivant à leur propre compte et exploitant leur propre terre ; — 2.000.000 de fermiers travaillant à la fois sur leurs terres et sur des terres louées et enfin 1.000.000 d'autres encore, simples locataires des terres qu'ils cultivent.

Autour de ces fermiers, soit comme famille, soit comme

ouvriers agricoles, vivent une population d'environ 23.500.000 personnes.

Les principales cultures sont les suivantes : le riz, l'orge, le blé, le seigle, le coton, le tabac, l'indigo, les haricots, le colza, le sarrasin, le thé, la canne à sucre, etc...

Les ouvriers agricoles sont traités avec beaucoup de douceur et vivent en quelque sorte de la même vie de famille que les maîtres. Ils sont payés sur la base de 32 sen par jour pour les ouvriers agricoles de la ferme ou de la sericulture. Les garçons de ferme engagés à l'année touchent 32 yen par an.

Le même phénomène qu'en Europe se produit en ce qui concerne l'émigration des ouvriers agricoles vers la ville. L'on se plaint vivement déjà que les champs sont désertés aux profits des grandes agglomérations urbaines.

Une étude de l'agriculture au Japon ne saurait être faite sans donner une place considérable à la sériculture qui est une des sources essentielles de la fortune nationale Japonaise.

Il faudrait également traiter tout spécialement de la culture du thé. — Malheureusement ici, nous sommes obligés sur ces points de renvoyer aux livres spéciaux qui traitent de ces questions, une pareille étude dépassant de beaucoup le cadre de cette brochure.

XI

GÉNÉRALITÉS

Par cette rapide synthèse de l'organisation politique, économique et sociale du Japon, nous avons essayé de montrer comment les travaux de la paix ont été pour ce pays les causes de la victoire. Ce qu'il y a de p'us remarquable peut-être au Japon c'est l'ordre et l'entente admirable qui règnent entre tous ceux qui ont charge de l'administration du pays et qui font unanimement concourrir leurs efforts vers ce but: la grandeur et la prospérité nationale.

C'est la meilleure et la forme la plus élevée du patriotisme. Les résultats ont prouvé ce qu'on pouvait attendre de cette politique.

Désormais il est acquis qu'il y a en Asie un grand peuple civilisé, ayant cette fortune singulière d'être à la fois la plus antique des nations organisées et le peuple possédant l'outillage économique le plus moderne et le plus perfectioné.

Pour ceux qui étendent leurs vues au delà de l'Europe il y a là-bas un spectacle digne de retenir toutes les attentions.

Il y a aussi pour les hommes d'action dont les ambitions ne sont pas bornées par les frontières nationales un champ particulièrement fertile offert à leurs entreprises ou à leurs capitaux.

Un pays riche admirablement gouverné, désireux d'élargir son commerce et de fortifier son industrie doit nécessairement attirer à lui toutes les intelligences et toutes les activités.

La France qui n'est en aucun point du monde en rivalité avec le Japon et qui est elle-même une grande nation asiatique doit nécessairement entretenir les relations les plus cordiales avec sa puissante voisine en Extrême-Orient.

Il n'y a pas seulement intérêt à vivre en bonne intelligence avec le Japon : il y a honneur de compter parmi les amis d'un peuple qui est aujourd'hui un des facteurs nécessaires et les plus éminents de la civilisation universelle.

Paris — 5 Novembre 1905

TABLE DES MATIÈRES

BOUCHY & Cie
GRAVEURS-IMPRIMEURS
11, rue Hélène, PARIS
17e Arrt

9 782329 689173